主编：杨建国（北京语言大学）
编委：（以姓氏汉语拼音为序）
　　　陈　慧（北京外国语大学）
　　　李新磊（中国社会科学院大学）
　　　纵　璨（北京语言大学）
　　　赵　艳（北京语言大学）

北京市哲学社会科学研究基地首都国际文化研究基地资助成果

我在海外教中文

杨建国　主编

教汉语·传播中华文化 书系

北京语言大学出版社
BEIJING LANGUAGE AND CULTURE
UNIVERSITY PRESS

© 2022 北京语言大学出版社，社图号 22114

图书在版编目（CIP）数据

我在海外教中文 / 杨建国主编． -- 北京 ：北京语言大学出版社，2022.11
　ISBN 978-7-5619-6171-1

Ⅰ.①我…　Ⅱ.①杨…　Ⅲ.①汉语－对外汉语教学－教学研究－文集　Ⅳ.①H195.3-53

中国版本图书馆 CIP 数据核字（2022）第 197668 号

我在海外教中文
WO ZAI HAIWAI JIAO ZHONGWEN

排版制作：	北京创艺涵文化发展有限公司
责任印制：	周　燚

出版发行：北京语言大学出版社

社　　址：	北京市海淀区学院路 15 号，100083	
网　　址：	www.blcup.com	
电子信箱：	service@blcup.com	
电　　话：	编辑部	8610-82303647/3592/3724
	国内发行	8610-82303650/3591/3648
	海外发行	8610-82303365/3080/3668
	北语书店	8610-82303653
	网购咨询	8610-82303908
印　　刷：	北京市金木堂数码科技有限公司	
版　　次：	2022 年 11 月第 1 版	印　次：2022 年 11 月第 1 次印刷
开　　本：	710 毫米 × 1000 毫米　1/16	印　张：12.75
字　　数：	211 千字	
定　　价：	68.00 元	

PRINTED IN CHINA

凡有印装质量问题，本社负责调换。QQ：1367565611，电话：010-82303590

前　言

从 2004 年 11 月 21 日全球首家孔子学院在韩国首尔正式设立算起，孔子学院的发展已有 18 个年头了。新冠肺炎疫情暴发以前，全世界已有 162 个国家（地区）建立了 550 所孔子学院和 1172 个中小学孔子课堂。孔子学院及孔子课堂方兴未艾，国际中文教育事业进入全新发展阶段。全球中文学习者原来以成年人为主体，而如今则呈现出了低龄化、老龄化中文学习者日趋增加的势头。这为教师、教材、教学法，尤其是国际少儿中文教师、国际少儿中文教材以及适合海外低龄中文学习者的教学法等带来了新的课题。撇开具体的教学对象来看，教授少儿的国际中文教师与教授其他年龄段的教师，在知识结构、素质和能力方面的要求可以说是大同小异。着眼于"小异"，我们认为国际少儿中文教师应储备儿童语言学习及儿童外语教学的理论知识，了解儿童语言学习的认知特点、情感特点等，补充课堂管理理论和差异化教学的理论知识与实践技巧，对低龄中文学习者主要采取游戏化、生活化等方式实施课程教学，注重儿童身心特点及其接受能力。虽然近年来中文教学本土化的呼声很高，但短期内还难以实现这一目标。不同国别、不同区域的中文学习者所要掌握的中文要素学习中的难点以及跨文化交际中的难点各不相同，保持并促进国际中文教育事业的可持续、高质量发展，需要海内外中文教育教学从业者形成合力，在不同的国家和不同的文化中间搭起中文的桥梁。

基于国际中文教育教学发展的时代背景和特点，我们邀请了 22 位在海外中文教学第一线的老师（含志愿者），带着问题意识，以学术随笔的形式，记述在赴任国进行中文要素教学、中文技能教学、跨文化交际、中文课堂教学管理等方面的心得，让具有流动性的孔子学院与孔子课堂的教师及汉语志愿者、海外中文学习者等目标读者群能够从中获得切实的指导和有益的启发。我们坚信，梳理在海外中文教学一线发现的中文教学难点，有助于从业者知难而上，快速提升海外中文教学水平。

本书汇聚了 22 位海外中文教师和志愿者在 18 个国家的孔子学院从事中文教学的观察与思考所得。中文教师从观察者的视角聚焦五大洲不同语言文化背景的中文学习者在学习过程中出现的语言要素方面的典型偏误以及文化习得、跨文化交际方面的主要问题，语言要素涉及汉语语音的洋腔洋调，词汇方面的易混淆词，颜色词、动物词、植物词等的文化义，以及语法教学中出现的词序偏误、遗漏偏误、离合词偏误、"比"字句偏误、连动句偏误，等等。文化习得、跨文化交际方面的主要问题涉及中国人的礼貌用语、生活方式、文化传统、风俗习惯、价值观念、伦理道德意识以及民族心理特征。

编委会一共约稿27篇，为确保全书风格大体统一，最终收入本书的共22篇。涉及国家18个，包括亚洲国家韩国、日本、泰国、巴基斯坦、沙特阿拉伯，欧洲国家德国、乌克兰、比利时、白俄罗斯、波兰、意大利、匈牙利、西班牙、英国，美洲国家美国、古巴、巴西，非洲国家赞比亚。还有一篇《联合国纽约总部教学散记》，按国别分不好归类。偏离本书编写理念、编写要求，或是问题意识不突出的文章，就只好割爱了。由此带来的最大问题，就是法国、澳大利亚、新西兰等国家没有覆盖到。但未收的文稿中，也有出彩的文字，兹摘录其中一节，以飨读者：

词汇教学时要注意英语和汉语相关词语的不对应问题

新西兰的汉语学习者在学习汉语时主要受到母语英语的影响。目前，汉语和英语两种语言的对比研究、汉英两种语言背后的文化差异研究、英语母语者把汉语作为第二语言习得的研究等很多领域都有非常丰富的研究成果。作为汉语教师，我们可以好好学习、多多吸收这些研究成果，这既能帮助我们更好地解决教学工作中遇到的问题，提高教学水平，也能帮助学习者利用母语的正迁移，避免母语的负迁移，更快地提高汉语水平。

我对汉语词汇研究和教学很感兴趣，从事汉语教学工作以来一直比较关注这方面。在新西兰这段时间，我的主要教学对象是初级阶段的学习者，所以有些感受就更深了，下面介绍几点：

1. 学习生词时，一定要让学生知道有些词在汉语和英语中词义范围的大小不同。在汉语学习的初级阶段，教材和学习词典对生词的处理一般都采用翻译的方法，如没有特别注释和说明，学习者很容易先入为主，以最先习得的汉语中的词汇对应自己母语中的词，比如认为"米饭"就是rice，"穿"就是wear。

学习者学习过"面包""面条""米饭""饺子"这些表示食物的汉语常用词，在谈到新西兰自己不能生产"大米"，每年都要从别的国家"进口大米"时，可能会说出这样的句子："我们从澳大利亚买米饭。"其实英语中的名词rice，词义对应了汉语中的"米饭""大米""水稻"三个词的词义。另外像大家熟悉的动词wear，词义与汉语的"穿"和"戴"两个词的词义对应。同样的还有share，词义与汉语的"分享""分担"两个词对应。

2. 学习生词时，要让学生注意可能有的汉语词在英语里找不到一个对应的词，或者即使找到了，两个词也有概念内涵或情感色彩等细微的差异。这是因为社会生活、文化观念不同而带来的语言差异。比如在零起点班学习"职业(occupation)"话题时，我们学习"医生""工人""警察"这些职业名词都没问题，但是在学习"农民"时，学生们讨论了很久，才大致清楚了"农民"一词在汉语中的确切含义。因为是零起点班，所以我在PPT课件里给每个职业的名词都配了图片，给"农民"一词配的图片是几个头戴草帽的中国农民在稻田里插秧的场景，PPT上给"农民"的英语翻译是peasant。学生都没有来过中国，他们说在新西兰没有这样的职业，新西兰在农村工作的人都是自己有一个农场，养牛羊或者种植水果什么的；而且peasant这个词在现代英语里也基本不用了。最后他们说可能用farmer翻译好一点儿。但我知道如果让我在汉语中找一个词来指代"一个在新西兰农村有农场、养了很多牛的人"，好像很难，觉得"农民"一词不合适，可能我会用"农场主"什么的。学生告诉我，在新西兰，"农场主"们都很富有，工作也不累。我们还讨论了中国农民的生活和"农民工"问题。

3. 学习生词时，要注意词语用法的不对应问题。这个问题跟词义有关，但其实更多牵涉到语法问题。比如：打（电话），翻译成英语是call，学生学了以后，可能会觉得"打电话"和call词义相同，用法也会一样，英语中可以说I will call you，汉语中应该也可以说"我要打电话你"。他们不知道在汉语里"打电话"作为一个词组不能再带宾语，如果要介绍动作的对象，句子里需要一个介词，说"我要给你打电话"。离合词"见面"，翻译成英语是meet，英语中可以说I meet him yesterday，如果不提醒他们注意，学生学完后会说出"昨天我见面他"这样的句子。他们不知道汉语中"见面"是一个动宾式离合词，不能再带宾语，如果要介绍"见面"的对象，得说"昨天我跟他见面了"。当然，我们介绍这些语法问题时要注意方式方法，充分考虑学生的学习阶段，多提供能展示词语用法的例句，少使用难懂的语法术语。

我觉得以上这些问题不难解决，只要教师有意识，备课充分就可以了。如果我们做得好，就会帮助学习者快速建立正确的词汇对应观，消除不正确的词汇对等观。（刘春梅《我在南半球的新西兰》）

鉴于每一位作者教学经验和对异文化的敏感度不同，对问题的挖掘深度不一，收入本书的稿件质量可能多多少少存在参差不齐的情形，但毋庸置疑是值得一读的。

为什么这么说呢？我想有这么几点需要指出来：

第一，针对性强。老师们在不同的语言文化环境中遇到的课堂教学、课堂管理、文化活动、跨文化交际等方面的问题是实实在在的，基本反映了当下世界范围内中文教学的概貌，针对问题所提的建议以及解决办法切实可行。

第二，借鉴性强。《域外，别意外》介绍了以罗马大学为代表的意大利汉语教学中比较流行的"1+1"模式，即意大利本土教师教授语法、中方教师教授口语的教学模式。《英缘》介绍了"少儿节目化"的教学模式，采取单元话题主导的形式，鼓励学生参与活动，持续引导学生产出目标句和重复练习对应话题内的生词。《哥廷根汉语教学散记》《梦圆哥廷根》等都具有很强的借鉴性。

第三，故事性强。《"泰"有缘》通过几个小故事讲述了作者在泰国中文教学中发现的泰国人学习中文的偏误，结合泰国特有的皇室文化、人妖及女性文化、宗教及鬼文化、华人团体文化等，反映了泰国的风土人情，同时也如实地记述了作者在教学当中遇到的跨文化交际方面的问题。《白俄罗斯明斯克的"汉语"缘》讲述了作者开办汉语沙龙介绍中国文化，以及白俄罗斯学生学习声调和汉字的故事。

第四，人文性强。《我们在巴基斯坦的"跨文化之旅"》以巴基斯坦汉语教学过程中与宗教、文化、生活方式有关的话题为线索，分析语言教学中应该注意的一些概念性偏差，正确而有效地传达出语言背后的历史和文化积淀，从而提高汉语学习者的文化理解能力，也提高了汉语教学的效率。《我在西班牙教汉语》中，作者通过对西班牙马德里自治大学文学院东亚研究中心大三下学期汉语课程《情境汉语》授课过程的展示，带领西班牙大学生探寻他们感兴趣的中国社会文化主题：当代中国社会概况、历史、地理、名川、名城、美食、诗歌以及影视。他们学完每个中国主题后，轮流向全班口头陈述西班牙相应方面的内容，比较中西两国此方面的文化异同，完成教学主题讨论。学生对这些中国主题有了初步的认知和体验，与此同时，他们也重新审视、观照了自己国家这些方面的情况，激发他们思索、探问两国社会文化现象背后的深层原因，一定程度上培养了他们的批判性思维能力、跨文化意识、跨文化同理心和跨文化理解力。《联合国纽约总部教学散记》通过几个小案例展现了各国外交官和联合国职员学习使用中文、了解中国文化的趣事，让我们从中感受到不同国家、不同职级、不同性格的人在语言学习和文化认同上的差异性。

第五，可读性强。我们不敢说每一篇都是娓娓道来，但大部分文笔都很流畅。如《我在美国教中文的日子》所记，在美国文化中，学生在邮件中直接称呼老师的名字是一件稀松平常的事。美国大学的很多教授甚至鼓励学生直呼老师的名字，以体现人际交往中的平等关系。但是，中国文化中讲求尊师重道，称呼一声"老师"被认为是起码的尊重。那么我们作为中文老师，在美国教授中文时，到底是尊重美国的文化习惯，还是教给学生中国的文化呢？我们认为，既然学生学习中文，那么他们有必要了解中国的文化习俗，以便入乡随俗。《我在古巴教汉语》以教学案例的方式逐一讲述了古巴汉语学习者在学习汉语语音、词汇、语法的过程中，由于受到西班牙语的影响而产生的一些偏误和误解，分析了背后的历史及文化原因。

总而言之，《我在海外教中文》以作者海外中文教学相关经历与问题为线索，介绍了国际中文教师在海外工作、生活中遇到的中文教学、跨文化交际等众多问题，可为未来赴海外从事中文教学的老师、志愿者提供借鉴与参考。

但愿我们的努力可以"攻玉"。诚愿国际中文教学在突出"中国性"的同时，亦能在全球化语境下展示其为当代各国人民所用的现代性。

目　　录

我在大邱教汉语…………………………………………常　娜 1

平和与和平
　　——东京汉语教学散记…………………………赵　艳 12

"泰"有缘……………………………………………何学颖 24

我们在巴基斯坦的"跨文化之旅"…………………张道建 34

沙特汉语教学与中阿人文交流………………………王光远 39

哥廷根汉语教学散记…………………………………陈　慧 48

梦圆哥廷根……………………………………………何一薇 56

"老师，不能继续学习汉语我感到很伤悲"
　　——德式严谨和深情……………………………苟佳月 65

我在乌克兰敖德萨教汉语的日子……………………申凯文 73

比利时教学随笔………………………………………胡鹏程 81

白俄罗斯明斯克的"汉语"缘………………………曹　晨 84

"波兰"壮阔的少儿教学岁月………………………李新磊 94

"意"见钟情…………………………………………卜源圆 101

域外，别意外…………………………………………李俊波 112

我教马扎尔人学汉语 …………………………………… 姜珊珊 117

我在西班牙教汉语

　　——探问中西两国社会文化 ………………………… 于培文 121

英　缘 ………………………………………………………… 段智鹏 128

联合国纽约总部教学散记 …………………………………… 岳　岩 143

我在美国教中文的日子 ……………………………………… 封亚莉 152

我在古巴教汉语 ……………………………………………… 纵　璨 160

圣市华年，盛世年华

　　——我在巴西圣保罗教中文的日子 ………………… 陈雯雯 170

我在赞比亚教汉语 …………………………………………… 付秋雨 180

编后记 ………………………………………………………………… 190

我在大邱教汉语

常 娜

"陪你去看流星雨落在这地球上，让你的泪落在我肩膀，要你相信我的爱只肯为你勇敢，你会看见幸福的所在。"这首歌曾伴着中国台湾电视剧《流星花园》风靡全亚洲，韩国版的《流星花园》也一度热播，后者取景地就是我所工作过的韩国启明大学。启明大学位于韩国大邱广域市西部卧龙山脚下，校园环境优美，仿照哈佛大学的建筑风格建造，被评选为韩国十大优美校园之一，一直是有名的旅行打卡地。

我2013年9月前往启明大学孔子学院工作，担任汉语教师。来我们孔院学汉语的学生大多是启明大学或附近大学的学生，也有社会人士，每周还会有中学生来体验中华文化活动，我们的工作有序而充实。

我在美丽的启明工作了两年，2015年8月离任。不知不觉已经多年过去，现在每每提起韩国或遇到来自韩国的留学生，都让我回忆起那两年美好的驻外经历。感谢有这样一个机会，让我跟大家一起分享那段美好的时光。我想大家对于韩国并不陌生，中韩两国有着深远的历史文化渊源，在文化传统和世界观上有很多相通之处，但也存在巨大差异。

年龄不是隐私

我想世界上任何一个国度都没有像韩国那样注重年龄尊卑的排序。在西方国家，如果你询问别人的年龄，会显得很唐突，一不小心就会"失礼"。在中国，也往往避讳直接询问年龄，而是运用比较隐晦的方式，比如通过询问属相来进行猜测。但是在重视区分"前辈""后辈"的韩国，询问年龄是必须的，这不仅不会让人尴尬，反而会让双方的关系变得更加亲近。

这是为什么呢？从语言方面来说，汉语和韩国语分属两种不同的语言类型。汉

语是孤立语（isolating language），缺乏词形变化，主要通过虚词和词序来表达语法功能。韩国语是黏着语（agglutinating language），主要通过丰富的附加成分（词尾）来表现语法意义。比如敬语就是通过变换动词后的词尾来表达的，我们看韩剧时常常在句尾听到的"습니다（思密达）"就是最尊敬的表达形式。

韩国深受儒家文化影响，非常注重礼仪。在交际中，跟比自己年纪大的人说话时必须要用敬语，而只有知道了对方的年龄，才能决定是否使用敬语来进行对话，以避免交谈中失礼。另一方面，韩国人也觉得见面时问这种私人问题是表示很关心对方，很想亲近对方。所以当你遇到韩国人问你年龄时，不要讶异，他们不是在打听你的隐私，那是他们向你示好、表达亲近的方式。

去韩国之前，我从没想到年纪大竟然也算是个优势呢！到韩国之后，凡是参加聚餐，只要有比我年纪小的同事在，像分发筷子这样的事就都被他们一一代劳了，而且被"欧尼、欧尼（姐姐）"地称呼着，也让人感觉无比幸福。

"韩国大妈"也很厉害

"中国大妈"已经享誉世界，"韩国大妈"也一点儿都不逊色。在我工作的启明大学孔院有一个特别有名的"妈妈班"。班里的"妈妈们"大多是孔院建立之初的学生，她们是我们孔院的"铁粉"，一直陪伴着我们成长、发展，我们外派过去的老师在生活上都曾受到过"妈妈们"的照拂。

"妈妈们"就像我们在韩剧中看到的很多夫人一样，每天都打扮得很精致。她们性格开朗活泼，因此我们的课堂上也总是欢声笑语不断。她们汉语很棒，性格也很勇猛。让我印象比较深刻的是在我第一次给她们上课时，因我的名字与她们上一个中国老师类似，她们就绘声绘色地给我讲起了她们结伴冲到商场，帮助那位老师对付无良商家的壮举。我脑补了一下她们描述的场景，忍不住竖起了大拇指："韩国大妈"，厉害！

这些"妈妈们"汉语水平很高，尤其是汉字认读非常有优势。韩国学生学习汉语认读普遍要比听说好一些，特别是年纪稍大的学生。这是因为韩国语在历史上受汉语的影响较大，在很长的一段历史时期内，朝鲜民族都持续使用汉字和中古汉语的书面语来记录朝鲜语，并将汉语词汇大量借入到自己的官话中，从而奠定了现代韩国语的基础。现代韩国语中还存在 70% 的汉字词，其意义和现代汉语的词义相近者居多，这对于韩国学生学习汉语是有一定优势的。

但由于种种原因，近代以来汉字在韩国的地位受政策影响起伏不定。韩国学生的汉字水平普遍呈现出一定的年龄差异，年纪越大的人接触的汉字越多，汉字水平越高。当然，书写时最突出的问题就是会出现相当多的别字和繁体字，因为中韩汉字字形之间还是有细微差别的[①]。至于年轻人，虽然韩国的学校里都会开设必修的汉文课[②]，但大部分的韩国年轻学生认识的汉字已经越来越少了。

是"房"不是"旁"

汉字大约在公元前 5 世纪至公元 2 世纪传入朝鲜半岛，曾经是半岛政权所使用的官方文字，不过由于汉字识别困难，因此长期以来只停留在官方文书中，成为权贵们使用的文字，难以平民化。到 15 世纪时，由于深感文字难认，朝鲜世宗大王组织学者开发了一套适配朝鲜语语言习惯的文字，最初称为"训民正音"，又叫"谚文"。

"谚文"虽然借鉴了汉字的方块字形式，但并不具有表意属性，是一种单纯的表音文字。只要你掌握了表元音和辅音的几十个字母及其组字规律，就可以自行拼读出来，基本上可以做到"会说即会写"，因此这种文字可以在朝鲜半岛迅速推广。

现代韩国语中大量的汉字词对于韩国人学习汉字的字形是很有利的，但对其字音的学习来说则是非常不利的。韩国语虽然使用汉字，但经过数千年的演化，已经形成了自己特有的、跟现代汉字迥异的读音，这些读音在韩国人学习汉语的过程中常常产生负迁移。

韩国学生在语音学习阶段最容易犯的错误是唇齿音 [f] 误发成双唇音 [p] 和 [b]。这是因为朝鲜时期的学者们在创造韩国语字母时，保留了古汉语中"古无轻唇音"的特点，比如汉语中依然保留的"阿房宫"中的"房（páng）"。韩国语中没有唇齿音 [f]，所以韩国学生学习 [f] 的发音时经常用 [p]、[b] 来代替。其实 [f] 的发音并

[①] 中韩汉字字形比较可以参照《中日韩常用汉字对比分析》，韩国的 1800 字中有 614 字和汉字字形完全相同，另有 518 字和汉字字形有细微差别，相异的有 699 字。参见刘凤芹《中高级阶段韩国学生的汉字偏误研究》，载《华文教学与研究》，2013 年第 3 期。
[②] 各大学普遍开设的汉文课是为了学生读懂文献而开设的，所学内容为古文，因为文献都为繁体字。

不难，学生一般都能发出来，但碰到具体汉字的时候往往会出问题。我至今仍然深深记得学生们大力推荐的、韩国处处都有的"汗蒸房（찜질방[bang]）"，"房"在韩国语中是"방[bang]"，学生在汉语中遇到这个字的时候常常读错。如果你去韩国，汗蒸房是一定要去的。一如韩剧里出现的那样，人们戴着毛巾折成的牛角帽，吃着鸡蛋，体验屋里屋外的冰火两重天，非常有特色。

韩国语除了保留了古汉语中"古无轻唇音"的特点外，还保留着普通话中已经消失了的闭口韵字，大多以[m]、[b]、[p]收尾，比如"三"读[sam]、"饭"读[bap]。在韩国语中，闭口韵和非闭口韵是对立的音位，具有辨义的功能，比如韩国语中"人"是闭口韵"사람[salaŋm]"、"爱"是非闭口韵"사랑[salaŋ]"。我们经常在浪漫的韩剧中听到的"사랑해요（我爱你）"中的"랑[laŋ]（爱）"一定不能读错哦，如果读成闭口韵，意思可就全变了。

此"爱人"非彼"爱人"

韩国语中的汉字词给韩国学生学习汉语带来了优势，但语言是发展变化的，很多汉字词在语言发展过程中词义都发生了演变，各自对应了不同的概念范畴，已经与汉语有了很大差别，这也是韩国学生学习汉语词汇，尤其是学习汉字词时，产生大量偏误的原因。

记得驻外期间，我爱人常在假期赴韩探望我。因住在校内，所以我们时常会遇到学生。为了让学生抓住每一个练习汉语的机会，我都会用简单的汉语介绍"这是我的爱人"，当然最主要的原因还是我的韩国语不太好。有一次，一个跟我关系特别好的学生用非常八卦的眼神看着我问："老师不是结婚了吗？难道这不是你的丈夫？是男朋友？"我才恍然大悟，韩国语中的"爱人애인"和汉语有不同的内涵。汉语中"爱人"一般表示结婚以后对配偶的称呼，但是在韩国"爱人애인"的意思是恋人，结婚以后是不用"爱人"这个称呼的。学生认识了"爱人"的字形，但内涵却理解错了，造成了这么大的误会。

在韩国语中，有很多像这样与汉语内涵不同的文化词汇。再比如"缘分"这个词，在汉语中人与人之间之所以相识，我们都可以用"缘分"来说明。但在韩国，"缘分"这个词可不能随便用。比如，你不能对刚认识的韩国朋友说"我们真有缘

分"，如果你们是同性，对方会觉得奇怪；如果是异性，那可能会发生误会，因为"缘分"在韩国语中指的是有爱情存在的缘分。像这样的例子还有很多，到了韩国之后，你会发现韩国的"馒头만두"其实是饺子，"汽车기차"是火车，"食堂식당"是饭馆儿，"酒店술집"不是睡觉的地方而是喝酒的地方。

总而言之，汉语词汇与韩国语的汉字词在指称范围、语义轻重、附加意义及语用限制等方面都存在细微差异，我们在教学过程中应该有意识地预测和纠正这些偏误。

太难翻译了！

在孔院工作期间，跟我一起工作的都是来自韩国语专业的志愿者们。虽身在异国，语言不通，但有了他们，我在韩国的工作和生活都非常顺利。说实话，懂得赴任国的语言是非常重要的，当你看懂了街道广告牌上的文字时，你就获得了足够的安全感。我深刻体会到了语言不通的不便，这也成为我学习韩国语的强大动力。西班牙文学家费舍尔说："学习一门新的语言就像打开一扇通往新世界的窗户。"而多学一种语言，也就多了一种思维方式，可以让我们站在更高的角度来审视自己的母语和外语。

从语言类型学角度来看，汉语属于汉藏语系，韩国语是黏着语，属于阿尔泰语系。汉语形态很少，语序和虚词特别重要，而韩国语则有着丰富的形态变化，比如我们前面提到的敬语。汉语是SVO型语言，语序非常重要，"我爱你"和"你爱我"是完全不同的。韩国语是SOV型语言，与汉语相比，语序则没那么重要，且主语经常省略。在对韩汉语教学中，韩国学生初级阶段特别容易受到自己母语负迁移的影响，比较容易出现语序的偏误，把宾语置于动词性成分之前，说出"我饭吃"这样的错句。

韩国语中语序不那么重要，但词尾是非常重要的，因为韩国语中的主语、宾语有时可以同时省略，只有述语便可成句，所有的时态、语气都附加到了词尾上，比如"사랑해요（我爱你）"就是由动词"사랑하다（爱）"和词尾"요"构成的句子。韩国语的句子成分排列也不十分严格，必要时可以调换，只要词尾不变，句意变化不大。

在一次中外交流的会议上，我们都戴着耳机在听汉韩同传，当汉语翻译成韩国语时，我们感觉翻译得比较顺畅，而韩国语翻译成汉语时则明显感觉停顿时间比较长。会后咨询精通韩国语的志愿者，他们齐呼："翻译，太难了！"因为韩国语的语序是把主语、宾语等成分都放在动词的前面，但只有动词出现的时候才能准确理解所要表达的意义和语气，如果最后的动词或者动词词尾发生变化，意义可能大相径庭，所以翻译必须等到发言人说出最后的动词及词尾时才能确保准确，这就导致停顿时间较长。

初级阶段韩国学生还有一个偏误也是非常普遍的，那就是"了"的泛用，一篇小文中会出现无数个"了"。因为韩国语中没有与"了"相对应的虚词，"了"表示完成的语法意义是由动词加上相应的词缀"있"来表达的，而这种表达是强制性的，只要是完成的动作行为，就必须添加相应的词缀。这就造成韩国学生在描述完成义时，都会在句子中添加"了"。但汉语则不是强制性的，在书面语中，有的表完成的情况常常不出现"了"，比如"我们决定参加会议"，虽然动作已经完成，但不需要"了"，韩国学生则往往会添加"了"，形成"我们决定了参加会议"这样的偏误。

"恭敬"与"急躁"

如果你去过韩国或者接触过韩国人，你就会深切地体会到韩国人的恭敬。入乡随俗，潜移默化，我也深受影响。当我在韩任教满两年回国时，很多人一眼就看出我是从韩国回来的，除了衣着，最明显的表现是无论见到谁，先鞠躬致意。

韩国人对人恭敬，离不开儒家文化尊师重道的影响。教师在韩国是非常受尊敬的职业，学生对老师非常恭敬，路上见到老师，远远地就向老师鞠躬，有的学生对老师甚至到了害怕的程度。有一次，大邱的一所男子高中来我们孔院进行文化体验活动，以往我们这里也来过不少高中生，他们到这里后往往打打闹闹，兴奋异常。这次来的虽都是清一色的男生，但却异常安静，原来是因为他们后面跟着一位表情肃穆的男班主任。最后的拍照环节，男老师一句"1米7以下的男生往前站"，这个暴露隐私的命令虽让几个个子矮的男生有些许不满，但他们还是乖乖地听从老师的话站好拍照。这让我们真心忍不住感叹一句：这位老师真有权威。

韩国人把他们行为上的恭敬也带入到了其汉语学习中，在口语表达或非正式的书面语体表达中，韩国学生习惯使用十分正式、庄重的词语，这往往使其口语表达显得过于刻板和拘谨，不符合语言环境。这也是由多种因素导致的：一方面是由于韩国学生掌握的古语词比较多，而韩国语本身又有复杂的敬语系统，学生较难选择；另一方面则是由于受到儒家文化的熏陶。所以我们在对韩汉语教学中一定要注意让学生区分清楚词语和结构的使用情境，注重语用的教学，帮助学生实现得体流畅的口语表达。

如果说"恭敬"是韩国人的一个标签的话，那么"急躁"可能是另一个。我们可能在电视剧里经常看到韩国人说"빨리빨리（快点快点）"。韩国人勤劳而性急，对韩国人来说，可能无论干什么都要快。在韩国，配送的速度也是相当快的，韩国的街头有很多骑着摩托车飞奔的配送员，这成为了韩国的配送文化。

韩国的"快快地"文化正好与中国的"慢慢地"文化相反，所以来到中国的韩国学生可能要慢慢适应中国的节奏。记得有篇课文的情境是做客结束送别时，外边下着大雨，主人说的是"慢走"，很多学生问："老师，下雨了，不应该说快点儿走吗？"其实"慢"是"小心稳妥"的意思，所以汉语中才有很多"慢点儿开""慢点儿吃"之类的表述。而韩国人是急性子，喜欢高效率地完成工作任务，韩国人的"快快症候群"是韩国社会近代化的产物，"快"在韩国是美德。韩国人追求高效率带来的经济发展使国民摆脱了贫穷，过上了富裕的生活。来到韩国，你会发现，韩国人做什么都会说"빨리（快点）"。

"南男北女"

"南男北女"是朝鲜半岛自古以来的一句俗语，意思是朝鲜半岛北部多出美女，南部多出俊男。因为分裂，现在也指韩国的俊男、朝鲜的美女。

朝鲜半岛一直深受儒家文化的影响，有较高儒学修养的男士能得到社会的尊重，彪悍、勇猛则是未受教育的表现。朝鲜半岛历史上南方文雅之士居多，"南男"因而得名。在韩国，"俊男"指的是不仅外表俊朗，而且气质儒雅的男生，韩剧中那些迷倒众多女生的"欧巴"们除了帅以外，无一不散发着迷人的儒雅气质。韩国的化妆和整容技术比朝鲜更发达，相比而言，朝鲜女子自然天成、皮肤白净、相貌美丽，与"南男"齐名。

与中国人讲究自然美不同，韩国人对化妆可以说是到了痴迷的程度，他们在任何场合都非常在意自己的相貌。女生几乎从小就开始化妆，大部分女生不会允许自己素颜出门，她们的化妆技术往往非常高超。在韩国，化妆的不仅是女生，有些爱美的男生也化妆。你会发现大街上有专门的男士彩妆店，仿佛在这个国度里，无论男女，不会化妆便是另类。入乡随俗，在韩国的我们也养成了化妆的习惯，出门前要化妆，上课前要穿上正装，这已成为习惯。如果你不化妆，总会引来学生的问题："老师今天为什么没化妆呀？是不是心情不好？"

在我的汉语课上，在讲到趋向补语"出来"的引申用法时，我经常用这样的例子说明，找三张分别来自中、日、韩三国男女生的照片，问学生："你能看出来哪个是韩国人/中国人/日本人吗？"很多学生都会回答"我看不出来"。我就会引导学生从发型、化妆等方面进行判断，这样一引导，学生马上就能看出来。

韩国实行全民兵役制，所有男生如果没有特殊情况都要服兵役，他们一般会选择在大二去，再加上韩国大学里休学一年去工作或游学的情况比较普遍，所以同一个年级女生和男生相差几岁的现象也比较普遍。服兵役回来后，男生更加成熟稳重，校园里经常听到女生撒娇叫"欧巴"，这些"欧巴"们也相当称职给力，"南男"魅力依旧。

"身土不二"

初到韩国时去逛超市，我发现在很多农产品的包装袋上都用汉字写着"身土不二"四个字。经过了解，我才知道原来这在韩国是一句人尽皆知的口号，意思是身体和所在的土地不分，也就是我们常说的"一方水土养一方人"。这句口号是"韩国农协"为保护农民的利益首先提出的，现在韩国人的衣食住行无一不彰显着"身土不二"的精神，吃的、喝的、穿的、用的都要是本地产的才是最好的。

如果你去韩国餐厅吃烤肉，我想你一定会在菜单上发现，除了有猪肉、牛肉，还有永远在菜单上置顶的韩牛，韩牛是和猪肉、牛肉并列的存在，当然也是最贵的。如果你的韩国朋友请你吃韩牛，可以说是对你的最高礼遇了。即使是炸鸡，韩国人也要标明是本地产的还是进口的。此外，还有各种蔬菜，只要是本地产品，纵使品相不好，价格上也还是要贵上许多。

"身土不二"的意识已经深入到了韩国人的骨髓中，现在已经发展成为强烈的国货意识，比如韩国人使用的手机几乎都是三星、LG。麦当劳、肯德基在韩国也没有那么火爆，韩国人更钟情韩式快餐。电脑、汽车当然也不例外。这背后是韩国人鲜明的民族保护意识，反正自家的就是最好的，没有为什么。

我刚到韩国时，就常被周围的韩国人灌输这种思想，这好像成了韩国人的表达习惯。当他们在向你介绍一种韩国本地产的东西时，总是带着无比自豪的语气说：这是我们国家自己生产的，是最好的。

泡菜·酒·咖啡

提到韩国美食，泡菜必定榜上有名。韩国是泡菜的王国，泡菜是韩国餐桌上从古到今一日三餐不可缺少的食品，代表着韩国的烹调文化。到了韩国你会发现泡菜有无数种，几乎任何东西都可以被制作成泡菜。我们开玩笑说："在这里，一切皆可泡。"

据说，从前的韩国女子，如果没学会做泡菜，就不容易找到夫家。现在每年秋季的泡菜制作活动已经成为韩国一年一度的重要活动，也是一个家庭的大事。每个妈妈制作的泡菜味道是不相同的，好的泡菜被称为"妈妈的味道"。韩国人在拍照时"笑一笑"说的也是"김치[kim qi]（泡菜）"。泡菜在韩国人的日常生活中已远不是一道小菜，而是一种力量，是韩国特有的传统和文化的体现。

泡菜是韩国的传统小菜，而咖啡则是舶来品，但韩国人对咖啡的热爱一点儿也不亚于泡菜。据统计，韩国人均每年消费咖啡341杯，饭后来一杯美式咖啡是很多韩国人的标配。漫步在韩国街头，形色各异的咖啡厅绝对是一景，几乎每一条街上都有不止一家咖啡店，咖啡店甚至比饭店还多，街头还有很多流动的咖啡车。手捧咖啡穿行街头或在咖啡厅内闲谈聊天是很多韩剧的必备场景。

韩国也有很多种类的茶，但韩国人为什么那么喜爱喝咖啡呢？最主要的原因还是"'快快地'文化"使然。韩国人的生活节奏普遍比较快，工作压力大，睡眠时间少，用咖啡来提神是不二之选。久而久之，喝咖啡就成了一种习惯，当然也是时尚。

韩国人用咖啡来提神，那么喝酒就是减压了。很多韩国的上班族下班后就相约去喝酒，无论喝到多晚，第二天仍然能正常上班。韩国职场等级森严，给人的压力非常大，喝酒对维护人际关系是非常重要的，韩国人喜欢通过下班后一起喝一杯的形式来舒缓一天高度紧张的工作压力，联络同事感情。我们孔院曾经派老师到一个公司去教授汉语，职员们学习汉语的时间是下班后一小时，很多学员表示这一个小时的学习时间是最放松的。每当下课时，虽早已过了下班时间，但公司里仍然灯火通明。对他们来说，加班是常态。

除此之外，我想告诉大家的还有很多：

韩国人喝酒时是不能自己给自己倒酒的，必须别人给你倒酒，而你也要为对方斟酒。当别人（特别是长辈）给你斟酒时，你需要一只手持杯，另一只手托着持杯的手臂，表示尊敬。喝酒时，不能当着对方的面把酒喝掉，必须转身喝。

韩国人是一天三顿吃米饭的，喝汤时一定不能端起碗喝，要一勺一勺地喝。

韩国人过生日是一定要喝海带汤的。

在韩国，不管是餐厅还是商场里的饮水机，提供的全部都是冰水。

……

我想要说的、要写的还有很多很多，不知如何止笔，往事一幕幕滑过眼前，回忆像一条河，止不住流淌。

记得刚到韩国时，我的QQ签名是：人生总要安排出一段时光，一个人走一径陌生的路，看陌生的风景，体会陌生的心情。一路走来，那两年美好的时光、美丽的风景，那些经历的人和事都已成为我人生的财富，伴我继续前行。

参考文献

1. 丁崇明《韩国汉语中高级水平学生语法偏误分析》，载《北京师范大学学报（社会科学版）》，2009年第6期。
2. 刘凤芹《中高级阶段韩国学生的汉字偏误研究》，载《华文教学与研究》，2013年第3期。
3. 王秀珍《韩国人学汉语的语音难点和偏误分析》，载《世界汉语教学》，1996年第4期。
4. 肖奚强《韩国学生汉语语法偏误分析》，载《世界汉语教学》，2000年第2期。

作者简介

常娜，女，文学博士，副教授，硕士研究生导师。2013—2015年在韩国启明大学孔子学院工作。研究方向为现代汉语语法及对外汉语教学。曾在《汉语学习》《语言科学》等核心期刊上发表论文多篇，出版专著一部，参与过多种汉语教材的编写工作，完成了多个慕课的拍摄。开设的课程主要有：汉语语法概说、初级汉语综合、初级汉语口语等。曾获北京语言大学第十四届优秀教学奖比赛一等奖。

平和与和平

——东京汉语教学散记

赵 艳

我清楚地记得,到达日本东京的那一天是 2015 年 3 月 30 日。那一年东京的气温比常年略低,所以樱花全盛的时间比常年略晚一些。那一天恰逢樱花满开,我遇见了最美的东京!从皇居一侧的高地放眼望去,整个东京都沉浸在樱花的海洋里,极致绚烂,又别有一番宁静的美。樱花报春,寓意生命与幸福,日本的入学和入职时间一般在 4 月,新的人生在樱花浪漫的美好春日中开始,令人欢欣鼓舞!

我被派往任教的大学是东京外国语大学,该校是日本顶尖的外国语类大学,设有 50 多个语种的课程,有些教学语种是全日本唯一的,也是日语教育研究的基地。所以录取的学生非常优秀,学能很高。除了日本学生以外,这里还汇聚了大量来自世界各地学习日语的留学生,当然也有不少像我这样的外教,整个校园多元文化的氛围很浓,仿佛一个"小联合国"。

中国语专业的老师们都有多年在中国留学生活的经历,对中国文化比较了解,汉语非常好,有几位老师的发音绝对可以用字正腔圆来形容,完全听不出来是日本人。中国语专业的课程设置也非常丰富,除了汉语语言课,还开设有中国经济、历史、文学等多门课程。汉语的语法部分也设有专门课程,由日本老师讲解。那么中国老师教授哪些课程呢?除了一门研究生的课程外,就是各种会话课,从初级一直到高级,还有面向全校学生开设的初级和中级的汉语公选会话课,其中初级班的会话课最多,一周有 10 节。教学任务非常明确——让日本学生开口说。

不爱说? 爱说!

在我的印象中,日本学生学习非常认真,但是性情上比较内敛腼腆,从学习习惯上来说，喜欢听老师讲、记笔记，写下来了就很安心的样子，在课堂上属于不太说话的一群。在中国上课的时候，因为一个班上有多国学生，所以可以互相调动，活跃气氛。现在班上都是日本学生，这个会话课怎么上，我心里有些忐忑。

第一天走进教室，学生们都微笑地看着我，眼神里满是友善，这种欢迎方式略显安静，但还是让我放松了一些。我一边上课一边留心观察学生，一两次课下来，对他们有了更多的了解，一个突出的感觉是"乖"。在读、练、回答问题等各个教学环节，他们都能认真按照老师的教学安排去完成任务，表现出良好的积极性，几乎所有的学生都是这样一副表情——"老师，你说什么我都爱听。""好吧，现在我们做什么？我已经准备好了！"因此，出乎我的意料，整个课程进展非常顺利，并没有一点儿沉闷的感觉。

另外一个意外的发现是日本学生并不是不爱说，其实他们"爱说"。这些初级班的学生已经经过一年的汉语学习，有的学习内容对于进步快的学生来说就相对容易，因此，这一部分学生在表达时表现出更多的自信和参与的热情。让我感动的是他们微妙的"体贴"：比较容易的问题，他们会非常安静，把说的机会让给别的同学；有些略有难度的问题，他们就会微笑地看向老师，这时候我就知道他们做好了回答的准备。

有了这些了解以后，我就调整了教学安排。我想，学生如果能提前做好准备，知道怎么说，对自己说的内容有自信、不担心出错的话，应该能够更多地开口说。因此，我每次课都会提前一周就把教学中的重点难点、要问的问题、要拓展的话题、需要使用的表达框架等都整理好发给学生，要求他们提前准备。如果他们需要我帮忙，也可以提前发给我看和修改。这样一两次课以后，学生们逐渐适应了新的方式，加上他们本身学能好，也勤奋，上课前都做了较好的准备，所以我们的课堂也日渐活跃起来。日本的大学是90分钟一节课，我一般根据教材讲练课文一节（讲练也是以听说为主），后面一节就完全交给学生，供他们做拓展练习和话题交流。我明显感觉到，学生们自己也觉得很新鲜、有成就感，他们的语言水平不太高，但是能够用外语做连续的语篇表达，这种感觉一定是非常棒的。每个班大约13个学生，大家轮流发言，居然常常90分钟都不够用。我也重新认识了日本学生——真"爱说"啊！

热词:"出租车"

对于日本学生来说，n 和 ng，e 和 ü，zh、ch、sh、r 这些发音是比较困难的，他们常常分辨不清，发音不到位。为了帮助他们克服发音的困难，我让他们每人准备一个小圆镜。在每次课文讲练结束后，我都会留十分钟组织他们做一个小语音练习，带他们读一读相关的词语。同时，让他们看镜子对照自己和老师的口型练习。或者教他们一些发音技巧，比如，sh 能发出来以后就可以过渡到 r，发 sh 的时候喉部用力，声带震动，就能发出 r 来，坚持练下来也有了一些效果。不过在成句表达中，学生还是有发音困难的问题，我就又加入了习惯用语以及简单小短句的练习。后来为了增加趣味性，我也教学生说顺口溜，比如"四"和"十"、"煮肉"和"煮豆"的顺口溜，等等。我跟同学们建了一个微信群，定期给他们发送顺口溜的录音，并约好了学期末要一起来个读顺口溜的比赛。学生们觉得顺口溜读起来很有韵律，内容也有意思，常常会把自己的录音私信给我，请我检查、纠正。虽然不能说彻底解决了他们的发音问题，但是同学们都有了不小的进步。有的学生在给我的信息中告诉我，学中文的发音，让他有了意外的收获，那就是同时也提高了他对英语中 r 和 l 发音的辨别能力。

在所有的发音练习中，最让学生们感兴趣的是"出租车"的发音。有天上课我们聊到在北京坐出租车比在东京便宜很多。学生们一下子来了兴趣，觉得这个词发音很有趣，也有挑战性，纷纷模仿这个词的发音，好在有前面的语音训练积累，大家不至于发得太奇怪，但你一声我一声地费劲挤出来的声音听起来还是很有喜感，大家都被逗乐了。后来，课间休息的时候，学生们自己也会练这个词，说得不标准就会相视一笑。有时候我在食堂里或者车站等车的时候遇到学生，好些学生也会微笑着问我："老师，你听一下，我说的'出租车'对吗？"这个词成了大家的学期热词。

到了我们期末读顺口溜比赛的时候，大家都表现得很出色，基本上能够做到发音正确，而且能够达到一定的语速。有个学生很好地完成了"四"和"十"的顺口溜，大家都热情地为他鼓掌。谁知，他举起一只手，示意大家等一等，然后微微红了脸，一字一顿地大声说道："出——租——车——"他的发音很棒。大家愣了一下，随后都开心地笑了起来。

哪里"猛"？

有次口语课，我们的话题是介绍自己最喜欢的照片，有个女同学带来了自己儿时的照片，据她介绍那是十岁的时候拍的，照片上的她非常可爱，穿着日本传统的和服，粉扑扑的圆脸蛋，大大的眼睛很清澈，好像会说话。有的同学一看到照片就一直说："好猛啊！好猛啊！"看样子是赞美，可是用"猛"来赞美女孩子实在有点儿……我又看看照片，小女孩的确有些圆嘟嘟的婴儿肥，但是也不至于用"猛"来形容吧，到底是哪里"猛"呢？经过一番了解，我终于明白，他想说的意思是"好萌啊"！这才对嘛！

日本学生在学习汉语四声时很容易产生偏误。阴平调为55调值，但他们一般只能发到44调值或者更低。阳平调35调值，学生一般能发到24调值。上声调214调值，他们又容易起音太高且降不下来，发成324调值。第四声去声调51调值，他们往往不能很好地降到底，发为31或52。因为有这些声调上的困难，所以就出现了我们上面说的"萌"和"猛"的误会。

后来还有一次，我们的会话课话题是"买衣服"。学生说妈妈夏天喜欢穿"码"的衣服，因为比较凉快。我说："哦，妈妈喜欢穿大一码的衣服，比较宽松凉快。"学生说不是大码的衣服，是"码"的衣服，我这才反应过来，在黑板上写下了"码"和"麻"，果然，学生想说的是"麻"。了解了日本学生在声调上的偏误之后，有针对性地设计对照练习是有一定效果的。

父母"爱情"

日本和中国是一衣带水的邻邦，文化上多有相似相通之处，而且有很多貌似相同的汉字。日本学生学习中文时，在读法和意思理解方面仿佛拥有得天独厚的优势，比如"安心"等单词，读音、写法、意思都与中文相似，学习比较方便。但是还有很多汉字的意思是不一样的。

来日本以前，我对汉日同形异义词略有了解，知道日本很多词的实际意思与字面相去甚远，比如日本的"手紙"意思是"信件"，"娘"是"女儿"等。但是当我在日本看到"切手（邮票）"时，还是觉得很意外，而"男汤""女汤"居然是男女温泉。还有提醒大家注意安全时用"怪我一生",问了日本同学,"怪我"竟是"受伤","怪我一生"意在警示大家:如果一时疏忽,受伤了,那么一生的幸福都完了。

有次口头报告,学生先发了他的文稿给我修改,我一看题目是《父母爱情》,直觉反应这是一篇讲父母之间爱情的文章。可是通篇读下来,说的都是在他成长的过程中,父母是如何关爱他的。我想一定是"爱情"在日语中意义范围更广,可以泛指不同人的关爱,而非特指男女之间的爱情。

还有一次我想介绍我的先生,可是"先生"在日语中一般是对老师、医生、律师等人的敬称,所以我到日本就成了"赵先生";想换成"丈夫",也觉得别扭,因为"丈夫"在日语中是"结实、健壮"的意思;当然更不能说"爱人",因为"爱人"是"情人"的意思。真是为难啊,后来问一个日本朋友,说是有孩子的话,可以说"孩子的爸",算是解决了这个问题。

看来,汉字词在日本学生学习汉语时也是一个不小的"梗"。我想,如果能够整理出对照词表,对学生将会很有帮助。我先查阅了相关论文,自己大致整理了一个,又找了一位特殊的小助教做进一步的工作。我发现在东外大的中国语专业有一个汉语学习小组,他们每周都有两到三个下午在学校自主学习汉语,学习形式是高年级带低年级,高年级的学生指导低年级的学生学习或者帮他们答疑解惑,这个小组出过很多汉语比赛的获奖选手。我非常好奇这个组最牛的学生汉语到底什么水平,于是向同事了解了情况。原来这个组的组长是大四的学生,在日本也算是小有名气呢,他从"零起点"开始,学了两年汉语以后就在全日本汉语比赛中夺冠,还上过NHK电台接受采访。一次,他来我们办公室找另外一位老师,我跟他聊了两句,心里暗暗吃惊,我觉得他的发音近乎普通话"一甲水平",音色很美,表达恰切,果然是名副其实的"汉语之星"!我邀他一起做汉字词的相关整理工作,他愉快地答应了做我的小助教。

他结合自己的学习经验帮我整理了日本学生容易发生混淆的同形异义词,然后对照我整理的资料,精选了一部分。我们一起对词义范围扩大或者缩小的汉字词做了分类,也列出了意思类似,但是顺序相反的常用词汇,比如"紹介"和"介绍"、"住居"与"居住"等。我发现有些汉字词对应的汉语意思非常出人意料,比如"邪魔"是"打扰"、"真面目"是"认真"、"勉強"是"学习"。那么,"勉强"和

"真面目"组合起来竟是学习认真的意思吗？学生收到我们整理的汉字词表都非常开心，也为日语中某些汉字词和汉语意思之间的巨大差异而惊叹。除了汉字词的问题，有些句子字面意义与实际意义差异也很大。一位东外大的老师给我们看汉语教材中的一段对话：

A：不好意思，今天有点忙，不能准备材料了。
B：没事儿，您忙您的去吧，我来准备。

"您忙您的去吧"在日语中的意思是"别多管闲事"，好像说话人很生气的样子。我们对比起来看都觉得很有意思。

在漫长的汉字意义演变过程中，这些奇异的变化到底是怎么发生的呢？真让人好奇啊！

"敏感话题"

到第二个学期时，为了使会话课内容更加丰富，我和学生们商量，在课堂上增加了一个"今天我主持"的环节。由一位同学担任主持人，带来他想和大家分享或者探讨的话题。经过上一个学期的学习，学生们都已经打开了话匣子，现在又能够自由选择拿手的、熟悉的，或者有趣味的话题，他们的谈兴就更浓了。通过这个环节，我也对日本学生和日本文化有了更丰富的认识。

有位同学介绍说她从小喜欢日本诗歌，曾经参加过全日本的赛诗会，大家都深感佩服，说是必须有很多的诗词积累才可以参加赛诗会，我感觉这种赛诗会类似于中国的诗词大会。还有的同学跟大家分享奥巴马的演讲片段，请大家选出其中最喜欢的句子，并且说说为什么喜欢。有一位同学是中日学生联谊会的会长，她介绍了日本学生和北大学生共聚北京联谊的活动。"中国大学生最喜欢日本文化的什么部分？""他们的日语水平怎么样？"……其他同学都变成了小记者，对中国年轻人充满了兴趣。每次课的"今日我主持"都成了大家共同期待的环节，通过这个环节的练习，大家在学习语言的同时，有了更多思想和情感的交流。

不过有一天，学生带来的话题着实让我吓了一跳。他的话题是那一周的一则新闻，即《南京大屠杀档案》于2015年10月9日被世界教科文组织列入《世界记忆名录》。他询问在场的其他同学有什么看法。在他介绍的过程中我紧张地想：他说完了以后学生们会不会都沉默，那么我要说什么？如果学生们说，又会说些什么？我怎么应对？主持人说完以后，大家沉默了一小会儿，气氛有些沉重，正当我准备以几句话简单结束的时候，同学们却开始讨论起来。大家都支持将《南京大屠杀档案》列入《世界记忆名录》，认为日本应该铭记历史和教训。有一位同学说她去南京旅行时，曾经参观过南京大屠杀纪念馆，她真的非常震惊，不过最让她感动的是展览结束部分的一句话："牢记历史，不忘过去，珍爱和平，开创未来。"这句话也深深地感动了大家。这些孩子都只有十九二十岁，在他们身上我看到了日本年轻人的社会责任感和正视历史的勇气。

有了这一次的经历，再遇到类似的"敏感话题"时，我的心态从容了许多，对一些问题也有了新的观察视角。在东外大有一个备受关注的社会实践活动评选，这个活动是让学生们深入社会去观察、去实践，并将所见所得做成展板，在学校礼堂展出，大家共同投票评选出优秀作品。我的一位学生的作品获得了第一名，后来这位同学在会话课上展示了他的获奖作品《广岛和平纪念馆》。在他的展示中，我们看到了爆炸后的遗址、千纸鹤纪念碑、成群结队接受"和平"教育的日本小学生，还有今日美丽宁静的新广岛，今昔对比中更让人深感和平之可贵。

外语祭

日语中的"祭"有节日、盛会的意思，所以在日本到了节日或者某种文化庆祝活动时，就会常常看到这个字，如樱花祭、文化祭、学园祭，等等。日本的学校到了秋季基本都要举办文化节，每个年级会准备文艺汇演，还会制作美食在学校销售。学园祭对外开放，学校外的人也能参加任何一个学校的学园祭。据说，一个学校的学园祭如果很受欢迎，那这个学校口碑一定也很好。学园祭是学校的年度盛事，也是学生们秋天最期待的活动之一。

在众多学园祭中，东外大的"外语祭"别具特色，吸引了众多校外的参观者，使原本宁静的校园一下子热闹起来，到处洋溢着欢乐的气氛。各专业一年级的新生汇集在学校中央的环形广场内，做本专业对应国家的传统美食，广场中央的露天舞台上会有不间断的世界各地特色文艺表演，学生们的动作和表情都非常到位，演出十分精彩。这个环形广场是东外大的特色，基本串联起了学校的主要建筑，据说学校是希望通过这种形式表达"联通世界"的寓意。在这里品美食、看演出，也的确有些联通世界的感觉。

二年级及以上的学生要使用本专业的语言表演话剧。因为是面向全校师生公演，也是学习成果的汇报演出，所以学生们非常重视，学期初就开始准备，每天课后自发地聚在一起练习，导演、编剧、服装、道具等各演职人员分工明确，架势很足。我们二年级班的话剧是《宋氏三姐妹》。从知道剧目的那天起，我就充满了好奇和期待。

正式公演的日子到了。大礼堂里坐满了观众，老师们被安排在前排就座。聚光灯打下来，亲密无间的小宋氏三姐妹出场了……她们在人生的分岔口做出了不同选择；她们之间有分歧冲突，也有难舍的亲情；孙中山鞠躬尽瘁，死而后已；日本的炮火在中国大地上蔓延……一幕幕场景在眼前展开，演员们全心投入，最后以人们在苦难中期待美好的明天结束。大幕落下，全场观众起立久久地鼓掌，主要演员和一应演职人员出来谢幕，有些同学禁不住流下了激动的眼泪。我心里涌起莫名的感动，由衷地感到，能和他们一起学习汉语是难得的缘分。

猜猜今年的日本汉字

在日本文化中，汉字具有重要地位。日本有专门的汉字能力考试"汉检"，这是测试个人文化底蕴的标准之一，共分12级，每年参考人数都有几百万，覆盖3—90岁不同年龄层，考级证书在入学考试中也有参考价值。日本学生有很多从小学习书法，全日本有近六分之一的人常年练习书法，日本全国各地也经常举办汉字书写活动和比赛，所以日本学生的汉字一般都写得很好。2016年日本还建立了专门的汉字博物馆，据介绍，馆中央竖立着高10米的"五万字汉字塔"，悠长的汉字历史绘卷向人们展示汉字的发展演变历史和中日汉字的渊源，互动区的汉字体验活动丰富有趣，特别是模拟象形字和成语互动总是会吸引很多参观者。

日本每年会举办"现在，想送您一个字"的活动，即用一个字向亲人或者朋友表达心意，这一活动在全国范围内征集并评奖。去日本以前，我曾看过一则关于这个活动的新闻，有一位日本小学生送给外婆的"手"字获得大奖，寄语是这样写的："直到最后一刻，牵着她手的是我，放开手的也是我。被东日本大地震的海啸袭击、放开了外婆手的人是我，也因此外婆去世了。外婆，真的很抱歉。就算是过了80岁也还是一样充满力量的手，是努力工作过的证明。那手的感觉，我至今都还记得。"一个汉字传递出感人肺腑的思念之情，这就是汉字打动人心的魅力。

在日本，最具影响力的汉字活动是年度汉字的评选，这一活动开始于1995年，是全日本的年度盛事。每年，汉字能力鉴定协会会在全国范围征集代表该年度的汉字，得票最多的汉字当选为年度汉字。每年12月15日是年度汉字的发布日，也是全日本民众关注的日子，大家都在猜想年度汉字到底是什么。1995年发生阪神大地震，奥姆真理教毒气袭击，当年就选出了"震"；2000年日本多位运动员获得奥运金牌，朝鲜金正日、韩国金大中对话，年度汉字为"金"；2009年新内阁、新政治，年度汉字为"新"；2014年消费税时隔17年上调引发热议，年度汉字为"税"。可以看出，年度汉字是社会民生和日本人内心图景的写照。我2015年在日本工作，当年的年度汉字是"安"，表达了民众祈求平安、安心的普遍心境。

可以参加我们的新年晚会吗？

日本最重要的节日是新年。学生们举办新年晚会，时间定在新年假期前的晚上，他们邀请我参加："老师，可以参加我们的新年晚会吗？"当时，我的孩子还小，只有3岁，我平时工作，我妈妈照顾他，不过妈妈年纪大了，我怕她劳累，下班了一般会赶紧回家，再说临近新年，我也想和家人一起度过。我想回绝，但突然想起以前的一件事情，让我犹豫了一下。

我在国内工作时，有一次带学生出去语言实践，吃饭的时候，我问大家："饭菜还合口味吗？"一位可爱的日本女生歪着脑袋，嘴里"嗯嗯嗯"了好几声，同桌的别国同学都笑了。我不解地问他们为什么笑，他们告诉我，听日本同学说话，听听有几个"嗯"就知道意思了。比如，你邀日本同学一起去看电影，如果他们一个"嗯"都没有，就是马上答应了；如果"嗯"一下，就表示很犹豫，不太愿意；如果有两个或者三个"嗯"那其实就是不行，他们一般不会直接说"不"。

日本人的确不太会直接拒绝或者否定，日语中直接拒绝或否定的表达也比较少。这可能跟他们的文化有关系，他们觉得直接拒绝或否定让人尴尬，所以会以另外的折中方式来表达，有时候也会是肢体语言或者表情。明白这一点，在和日本人交往时就能够更好地去意会。

想到这件事儿，我这样说道："谢谢你们邀请我，我回去查一下日程安排，确认是否有时间，明天下课时再回复你们吧。"回到办公室，我连忙请教另外一位老师。她是中国人，大学毕业以后在日本读研究生时，嫁给了日本人，后来就一直定居在日本，对日本文化非常了解。她告诉我，日本人表达方式很委婉，如果他们说："可以……吗？"其实是认为那样做比较好，或者他们很希望你那样做，最好不要拒绝。比如他们说："我们可以到马路对面去吗？"有点儿类似于"我们去马路对面吧，那样更好。"她刚来日本的时候不了解，有时候就直接拒绝，后来想起来有点儿尴尬。多亏问一句，我心里也小小庆幸了一下。回家和妈妈商量，妈妈很支持，让我放心去玩儿，在日本过一个不一样的新年。

新年晚会上，学生们准备了有趣的游戏和很多精彩的节目，有日本传统的剑道、夏威夷的草裙舞、印度的肚皮舞、萨克斯合奏、仅用人声的无伴奏合唱……每个学生都秀了自己的才艺，大家玩得很快乐。在日本的大学，学生必须参加一个课外活动小组，由专业老师和高年级学生指导，这些小组的活动大约会占据他们大学生活三分之一的时间，所以很多日本大学生有一到两项相当过硬的艺术或体育才能。听说日本企业在招收职员时对有艺术和体育才能的学生也会非常青睐，认为这是有意志力和协作能力的表现。练就这些才艺，不但锻炼了个人，而且对他们性情的滋养，对他们未来子女的教育、家庭生活的丰富来说都是珍贵的财富，真是可以一直陪伴到老的、美的享受。我突然想到在日本的公园里常常会看到写生的老人，街头也会遇到背着乐器的老人结伴行走，爱艺术、爱生活，真是长期的滋养和习惯。晚会结束，学生们还送给我一个非常漂亮的保温杯和《宋氏三姐妹》的话剧光盘。感谢学生们精彩的表演和可爱的圣诞礼物，我在异乡也迎来了一个温暖的新年！

每天都要美

学期末，准备好考试试卷以后我就交到学校复印室去复印，一周后去取印好的试卷。复印室的工作人员一面微笑鞠躬,一面把一大包试卷交到我手上。试卷外面包着淡黄色的牛皮纸,用细细的麻绳打出蝴蝶结捆好,交叉处压了一张精美的小便笺,上面娟秀的字迹是"赵先生"三个字,像收到一份考试季的礼物,我不由地暗想:"真美!"

真美,这是我在东京一年经常感叹的词。走在路上,街边哪怕是几平米的小地方也会种上错落有致的绿植;五颜六色的花儿沿着特色小店的台阶依次开放;陶艺小松鼠从居民家的窗边探出头来,好像有些事儿想跟你说;门前的小信箱造型装饰各异,都反映了户主的美学追求;人们更是打扮精致、神采焕发。在东京街头散步绝对是一件惬意的事情,随意一看,处处皆景。

美在言行。我在日本一年,得到过很多人的帮助。东外大的师生们总是那么细致热情,很多我没想到的困难,他们都提前想到并帮助我解决好,如果有什么事情托付他们,感觉他们比对待自己的事情还要认真、尽力,让人安心。体贴、周到真美!我刚到东京时常迷路。去找附近的幼儿园,迷路了,一位近90岁的老爷爷花了20多分钟时间把我送到幼儿园门口。坐电车走错站台,一个小男生陪我绕了一大圈送我到站台,看我上了电车才走。给交通卡充值时充不进去,可能卡片消磁了,旁边一个路人帮我找工作人员,充好钱,把零钱清点给我,等我刷卡进闸口才离开。像这样的事情还有很多……友善真美!有一位精通汉语的日本朋友关口老师,像家人一样帮助我解决各种生活上的困难,当我感谢她的时候,她总是说:"您千万别客气,不用感谢我。如果您在中国遇到需要帮助的日本人,也请您多多关照他们吧。"爱的传递真美!来日本以前,我因为不懂日语有些担心,前任老师们都说:"放心吧,在日本生活特别方便。"的确方便啊,不仅是有很多现代设施,也不仅是有很多汉字,更有这份人文环境构筑的方便。在东京生活,每天都能感受到人们对美的热爱,以及把生活像礼物一样呈现出来的用心和行动力。

离开日本已经6年了,学生送我的保温杯一直没舍得用,我把它和《宋氏三姐妹》的光盘一起放在书柜的一角。看到它们,我就想起在日本的日子,那里的人和事,那些感动和启示。在日本的很多经历让我对日本和日本人有了很多新的认识,也让我感受到,不管世界怎么改变,期待和平的声音总是最强音。在日语中,"和平"写作"平和",祝福我们在热爱和平的信念和行动中收获平和、安宁与幸福,美美地过好每一天!

参考文献

1. 三井明子《日本留学生汉语自主学习能力调查分析》,载《汉语学习》,2018年第4期。
2. 王海峰、薛晶晶《日本学生汉语语音学习难度考察》,载《语言文字应用》,2019年第2期。
3. 王志芳《日本学生汉语学习中的语音问题》,载《汉语学习》,1999年第2期。
4. 张红蕴《日本留学生汉语语音学习的母语影响》,载《现代语文(语言研究版)》,2010年第4期。

作者简介

　　赵艳,文学博士,北京语言大学副教授,硕士研究生导师。研究方向为中国现当代文学、汉语国际教育。在《文学评论》《小说评论》等核心期刊上发表论文多篇,从事初中高级多课型的汉语教学工作,曾获北京语言大学青年教学名师奖。2015—2016年任教于东京外国语大学,承担中文专业本科和研究生的教学工作,并开设初中级汉语公选课程。

"泰"有缘

何学颖

提起泰国，我想每个人都有无数个关键词：黄袍佛国、饕餮美食、椰林树影、异域风情……泰国人"服务一流"并且十分"大度"——因为见谁都说"刷我的卡（SA-WA-DI-KA）"。即便是没去过泰国的人，也会对泰国有所了解。这个神奇的国度一定会让你有各种初遇的美好体验。

2009年5月我第一次到泰国曼谷工作，后来又间隔外派曼谷工作两次，分别派在易三仓大学（Assumption University）中文系和泰国易三仓商学院与北京语言大学联合创办的北京语言大学曼谷学院。前者是在距离曼谷市中心48公里外的邦纳（Bangna）校区，后者位于市中心的沙吞（Sathon）路，周围有很多使馆，那里也是曼谷的金融中心。两个校区的学生也完全不同。易三仓大学的学生都是参加泰国高考后继续学习的大学生；而北京语言大学的曼谷学院则是夜大，学生大多是已工作的政界和商业人士，其中不乏企业高管。我前后工作长达五年之久，连我自己都不得不承认，真是"泰"有缘了！我一边教学，一边体验与泰国相关的风俗文化。现在我把这份珍贵的记忆重新梳理了一下，为大家讲述几个故事。

"浓墨重彩"的国家

初到泰国，我没有任何陌生感，满大街的中国游客，飚着各地方言，让你很容易忘记自己是在国外。有些中国菜馆悬挂着鲜红的灯笼，像中国北方农家门前挂着的红辣椒，有些诱人；又仿佛一颗颗跳动的中国心，十分友好。倒是繁简并用、读不出意思（明显是由泰语音译而来）的汉字时刻提醒我——这是另一个国度。

曼谷是一个充满现代气息的国际大都市，这里的大学也跟国内情况大致相同。我所在的易三仓大学是一所天主教贵族大学，校长总是穿着修士服，有种特别的庄重感。女学生们穿着白色衬衫、黑色短裙，男学生们穿着白衬衫、黑西裤，显得格外时尚。助教老师提醒我，天主教教义严格，女士必须着裙装。泰国是一个十分看重颜色的国家，一周七天都有固定颜色，衣服可按时间搭配，这倒是十分有趣。怪不得街上的出租车都是五彩缤纷的糖果色，泰国服饰也鲜艳花哨，就连不同银行的取款机都有自己颜色，原来不同颜色对他们来说有着不同的意义。这个习惯始于大城王朝时期的印度神话，古代印度即有"九曜"之说，即指太阳、月亮、金星、木星、水星、火星、土星、罗睺与计都9个天体。泰国是个佛教国家，深受印度文化影响，并由此发展出自己的颜色文化：每周七天，各对应一颗星。这七天分别由一位神守护，颜色也就不一样：周日—红色，周一—黄色，周二—粉红色，周三—绿色，周四—橙色，周五—淡蓝色，周六—紫色。[1] 我的衣服蓝色居多，与学生第一次见面，恰巧是一个周五，没觉得有什么。周六，我穿另一条蓝色裙子在校园散步，碰到别的老师时，被反问："今天是周五吗？"我才意识到泰国人对颜色的敏感度之高。从此，我的衣柜也开始五颜六色起来，我还习惯了吃被染成各种颜色的米饭，就连后来参加学生的婚礼，都被主人要求穿某种颜色的礼服出席，据说要跟婚宴主色调和谐，但我想这一定跟新人的幸运色息息相关。

"555……"哭笑不得

伴着悦耳的音乐铃声，我开始了我的泰国第一课。学生们齐刷刷地说了声："老斯（师）好！"我自然不喜欢这个称呼，看来 z/c/s 和 zh/ch/sh 是他们的大问题。我试着在黑板上写了几组带 z/c/s、zh/ch/sh 的拼音词让学生认读，果不其然，教室里一片混乱，完全无法辨音。"这几组声母的发音部位和发音方法都不易准确掌握，并且相互之间存在极大的相似性"，"学生会将舌头置于半卷的位置，发出一种介于翘舌和平舌之间的音"。[2] 我用舌位图帮大家纠音，几轮过后"老师"终于不再发成"老斯"了，我满意地进入新课正题。为了帮助学生度过语音关，我建了一个

---

[1] 一周七天，每天都要换颜色，原来泰国人穿衣服的颜色也有讲究。环京津网，廊坊广播电视台，2019年6月16日。参见 https://baijiahao.baidu.coms?id=16364663620143920428wfr=spider&for=pc&isFailFlag=1。

[2] 熊宁利《初级阶段留学生汉语语音习得偏误分析与教学策略——以泰国学习者为例》，载《河南科技学院学报》，2019年第39卷第6期。

line 群（line 是一款聊天的 App，相当于中国的微信），让学生回家后读课文并在群里发送录音。学生们看起来很喜欢这样的作业，回家后都迫不及待地在群内展示。"老师"的发音好了很多，错得最多的是"你鰍（去）不鰍吃中胍（国）菜"。出现这样的偏误是由于学生对"q 和 ü 相拼，ü 上两点应省略"的拼音原则不够熟悉；而 uo 音读成了 ua 音是 o 音的开口度过大所导致。看来 j/q/x 和 ua/uo 也是学生容易混淆的难点。更有意思的是，群里一有人读完就有一连串的泰语评论和各类表情贴图，我看不懂评论，但贴图很有意思。学生使用频率最高的是"555……"表情包，我心想学生一定是觉得自己发音不好，所以都"呜呜呜"哭起来，所以连忙鼓励，结果学生们"哭"得更厉害了。第二天我赶紧找到助教翻译聊天记录，看是不是学生压力太大了。结果，助教听完后哈哈大笑："何老师，'555……'泰语发音就是'哈哈哈'，是表示开心的意思。""555……"中泰意义的差距之大，真是让人哭笑不得啊。

"哉焉焉，哉焉焉"，淡定！淡定！

"泰国有三季：热季（2 月中旬至 5 月中旬）、雨季（5 月下旬至 10 月中旬）、凉季（11 月至次年 2 月中旬）。"[①]学生们都说："老师，不对。泰国有三个季节——热、很热和热死人三季。"五月正值泰国的热季，每日的温度都高达 40 摄氏度以上，路上几乎见不到行人。阴凉处、草丛里，尽是热晕了的流浪狗，就连便利店里都是横七竖八直挺挺躺着的狗子们。你只要稍不留神就会踩到软绵绵的狗爪，接着就会响起一声有气无力的惨叫，提醒着你小心脚下。"热"令智昏啊，刚来时我还不太理解泰国的慢节奏，不管是多么着急的事，大家都是"哉焉焉（意译：慢、淡定、不要生气等多种含义，此处为'慢'的意思）"。处在这个巨大的"微波炉"里，你也会越来越"哉焉焉"的。我来到这里后，除了第一天上课的时候，学生们 9 点整来齐外，接下来每天的课 9—10 点都陆续有"哉焉焉"的学生微笑着站在教室门口，说声"老师好"，然后不慌不忙地走到座位坐下。如果我表现出不高兴的样子，学生们就会反问："老师你心情不好吗？"我说："是呀，因为你们经常迟到啊。"学生

---

① 你知道什么季节去泰国最好吗？莽莽行歌，百度网。参见 https://baijiahao.baidu.com/s?id=1601327818799775847&wfr=spider&for=pc。

们就会笑嘻嘻地说："老师，哉焉焉（不要生气），我们很很很爱你哟！""老师，哉焉焉，我们唱歌给你听！""老师，哉焉焉，我们给你跳支舞！"学生在课堂上特别喜欢唱歌、跳舞，整个课堂洋溢着轻松自由的气氛。看着可爱的他们，我真是又气又爱。

"拍拍马屁"

泰国人把比自己大的人或陌生人都称呼为 pi（同"屁"音），就是"哥"或"姐"的意思，称呼时用"pi+名字或姓"。泰国的华人大都保留着中国姓氏，如姓"陈"或"林"的人可称之为"pi 林""pi 陈"等。校友会有位姓马的大哥，我们都叫他"pi 马"，爱开玩笑的男老师有时会拍他一下说："我拍马屁。"懂汉语的人都笑得不行。我觉得姓"马"还好，要是古天乐来泰国就尴尬了……

学生们有了中文名字后，教室里就时常听到"pi 美丽""pi 晶晶""pi 小龙"之类的称呼。因为泰语中修饰词是放在中心词之后的，"红色的衣服"就得说成"衣服红色"。我们的泰方院长每次说起中泰语都会给我们举"湄南河"的例子：湄南河全称为"Mei-nam zhao-pa-ya"（音译：湄南照帕亚），"湄南"是"江、大河"的意思，"照帕亚"才是河的名字，但是当时来到泰国的华人觉得"湄南照帕亚"名字太长不好记，又误认为"湄南"是名字，就叫"湄南河"了。

由于母语的负迁移，学生总会出现类似"房间我的""书哥哥"等的偏误。我想起云南有些少数民族语言称"公鸡""母鸡"为"鸡公""鸡母"，应该也是修饰语放在中心词后的表现。

"水牛"事件

有一天上课时，我叫一个学生到黑板前听写，结果全班学生都在下面热心地用泰语说明笔画，我几次制止都无效。黑板前的学生被他们七嘴八舌地指挥着，怎么也写不对，结果一个学生在下面大喊了声："kuai——"接着教室里一片起哄的声音。黑板前的学生听到后转身跑向那个同学，怒气冲冲地说着什么，然后他们就扭打了起来。我赶忙上前拉开他们，但还不太明白发生了什么。

一个学生告诉我，"kuai"是"牛"的意思（后来证实是"水牛"）。我更百思不得其解：牛是多么好的动物啊。在中国，牛可是勤劳勇敢的象征啊。原来在泰语中"牛"区分为"黄牛"和"水牛"。"牛在泰国人心目当中往往有着较为特殊的地位，在泰国，有相当一部分人从不吃牛肉……尤其不食用黄牛肉。"泰国人大部分信奉小乘佛教，不食用牛肉。"虽然不食用牛肉，但在当今泰国，人们骂人往往会用'水牛'这一词来骂，骂别人水牛的意思就像我们中文骂人是猪，英语里面骂人是驴一样，即指人又蠢又笨。"[1]泰语中，"黄牛"可以组成"牛肉、牛奶"等词汇，本身没有褒贬之意，但是因为"水牛"一词在泰语中非常贬义，"黄牛"也受到牵连，在泰国文化中，不管黄牛、水牛，可一点儿勤劳的影子都看不到。用"水牛"骂人，也和泰国文化中水牛的地位较低有关。难怪那个学生那么生气。我婉转地批评了骂人的学生，又借此机会把"中国牛"和"泰国牛"的寓意做了比较与学生们分享，两个学生也握手言和了。

在泰国，大象是泰国人最喜欢的动物，已成为泰国文化的重要元素，这点很多人都知道了。但"牛"特别是"水牛"的寓意很多人并不知道，如果你到泰国工作，一定要小心哦。

一心想变成美女的男学生

在泰国，学校对学生的着装要求非常严格，上课前，教务处都会有人站在楼前一一检查。

我们班里有个男同学，头发留得长长的，要不是穿着白衬衫和西裤，很难辨认出性别。他进了教学楼就掏出丝巾披在身上，走路的样子、行为动作都十分"妩媚"。学生们偶尔开玩笑叫他"Bisa（汉语'人妖'的意思）"，但他好像并不在意。有一次上课，我讲到"帅"这个词，男同学都说最帅的人是自己，只有他说自己不是帅，是漂亮。平时上课，他也喜欢用女性的口吻造句，时间长了，我们也习惯了。他告诉我，他从小就喜欢跟妈妈去商场买漂亮的东西。女生用的东西都太漂亮了，男生不能穿裙子很不公平。这种在我们看来的"非正常"现象其实在泰国很普遍，学校里也有非常"女性"的男老师，大家都很尊重他们的选择，也很喜欢他

---

[1] 李江南《论与动物相关的泰语习语的文化内涵》，载《教育教学论坛》，2019年第23期。

们，没有任何歧视。

其实泰国的"人妖"文化由来已久，已成为泰国的本土元素，但从历史上看，多半是贫苦导致的畸形文化（一些家庭由于贫困，而将孩子卖掉做专门表演的"人妖"）。除专门表演的"人妖"外，现在在泰国，部分男人女性化或改变性别则是因为喜欢漂亮的服饰，他们大部分都在从事美容、美发、化妆品和服饰等行业。因为他们本身具有男性的审美观，同时也更了解女性的心理需求，可以把女性打扮得更美，所以深受泰国消费者的喜爱。

九世王的感谢信

泰国是君主立宪制国家，街边和学校里都悬挂着国王和王后像。大学有很多是皇室学校，比如最著名的朱拉隆功大学、皇太后大学、宋卡王子大学等，毕业季每个大学都有皇室出面颁发证书，易三仓大学这年请的是诗琳通公主。学生们都欢呼雀跃，整个学期都等待着那个激动人心的时刻到来。他们连夜化妆准备，当天都激动得泪流满面。

泰国人对九世王普密蓬国王（现在已是十世王哇集拉隆功在位）更是十分热爱，上课时不能用与国王或王后相关的句子做例子。有一天下课后，学生们问我要不要跟他们一起去医院看望他们的老国王。我对泰国皇家文化也很好奇，于是迎着酷暑跟大家一同前往。

医院前已排了几百人的长队，皇家军队在旁维持着秩序，格外庄严。大家手里拿着茉莉与菊花或玫瑰花串成的花环安静地向前挪着步。不知排了多久，我们才挨到医院门口，这时，我才知道原来我们只能向大厅里的国王像叩拜，每人可以领到一张印有国王像的明信片。因为不能喧哗，我也没办法和学生交流，只能按照军队的指引行事。我以为明信片是让我写祝语的（其实是王室分发的纪念品），就用汉语写满祝语后又送还给执事军人，他看到密密麻麻的汉字，又无法与我沟通，就将明信片收回。过了两个星期，我突然收到一封来信。开始我以为是银行账单之类的，随手撕开，打开一看，才知道是国王的秘书替国王发来的感谢信，大概内容是，诗琳通公主已为国王翻译了明信片的内容，国王非常感谢我的祝福。我觉得非常有趣，泰国皇室如此接地气，亲近民众。第二天上课，我带信给学生们看，学生们听后都目瞪口呆，感到不可思议。他们还嘱咐我一定要把此信镶上玻璃框，挂在客厅朝拜，因为不是什么人都能收到泰国王室的回信，这可是莫大的殊荣。

哪吒三太子庙

泰国国民95%以上的人都信奉小乘佛教，所以泰国素有"黄袍佛国"的美誉（因泰国僧侣着黄色僧袍而得名）。据我所知，也有一些人信奉天主教和基督教，泰国南部某些地区则信奉伊斯兰教。泰国佛教观念兼容并包，将东西方文化兼收并蓄，并且同化为一，将其变成特殊的泰国文化。所以泰国人接触的文化也比较多元。

有个周末，一个学生邀请我去她家做客，因为路途遥远，要在她家留宿一晚。周六晚上学生特意告诉我，周日早上他们家人都要很早出门，奶奶和保姆要去礼佛，爸爸、妈妈要去教堂，她跟弟弟要去跑步，他们会准备好早点放在楼下厨房的桌子上。一个家族的人宗教信仰不同，还真是有意思。

早上我起床后，上下楼层都找了，果然不见大家的踪影。我洗漱好，吃了早饭在院子里闲逛等待他们回来。姐弟俩回来后看到我无聊，问我愿不愿意跟他们去哪吒三太子寺庙。我没想到泰国竟然供奉哪吒，想来应该是个道观吧，难道道教在泰国也很盛行？带着些许疑问，我们出发了，到了离曼谷约65公里的春武里府。

远远地，哪吒三太子寺庙就在海边熠熠发光，四层的建筑十分辉煌夺目。"哪吒三太子庙，由宋差·臣斯里先生于1991年建造"，"坐落在泰国春武里府春武里市的Angsira区，面朝泰国湾，于Angsira-Bangsaen路的河口坡最高处"。该寺庙起初只是一个很小的寺庙，但因为前来膜拜的人络绎不绝，1998年重新扩建，占地8000平方米，"它拥有浓郁的中国式建筑风格，色彩鲜明，有精美的雕塑及壁画装潢，是春武里府规模最庞大、最华丽的华人神庙"。"哪吒三太子庙的布局规划与中国古代建筑相似，非常重视'风水'"，该殿有四层：第一层主殿供奉地藏王菩萨和太岁，第二层主殿供奉哪吒主神，第三层供奉玉皇大帝、文殊菩萨和普贤菩萨，第四层供奉的是无极老母（西王母或王母娘娘）。[①] 其他的神像，如八仙过海中的八位

---

① 龙高云《泰国春武里哪吒三太子庙探析》，载《八桂侨刊》，2019年第3期。

神仙和孙大圣等大大小小有几百尊。这种佛道混合的神庙我也是第一次见,据说宋差·臣斯里先生是潮汕人的后裔,整个春武里的华人也大部分是潮汕人。作为一个虔诚信仰佛教的国家,泰国文化本身就十分重视中道、圆融、和谐之美,所以有这种华人寺庙也是正常的。"哪吒三太子庙是泰国春武里华人寺庙的重要代表,它不仅沿袭了华人对于神像及风水的信仰,展示了中华文化的博大与魅力,也为泰国当地的公益事业做出了积极贡献。"[1]

下午我们又参观了几个泰国寺庙,都是金碧辉煌的。泰国的很多寺庙都有多种社会功能,它们既是人们精神的寄托,又是慈善机构。有些寺庙后面装有焚化炉,还可以帮人们办理后事,相当于中国的殡仪馆和火葬场。泰国的佛教徒深信因果和轮回,城市里林立的寺庙又常常举办丧事,这也促成了泰国鬼文化的盛行。

回家的路上,姐弟俩轮着给我讲鬼故事,还想带我去电影院看鬼电影,听得我毛骨悚然。

清明

泰国几乎每个月都有节日,除了传统的宋干节(泰国新年)、水灯节、父亲节(九世皇生日)、母亲节(九世皇后的生日)和其他与皇室相关的节日外,大部分节日是和佛教相关的节日,比如佛诞日是泰国非常重要的节日,要休息近一周左右。每个节日人们都会精心准备,张灯结彩,热烈庆祝。

泰国华人多为广东潮汕人或客家人,在海外也会庆祝自己的传统节日,春节、中秋节、端午节时吃的饺子、月饼、粽子等食品,也已经成为泰国人喜爱的节令食品。唐人街的春节尤为热闹,有舞龙舞狮的队伍,并且每年诗琳通公主都会莅临。很多华人认为,延续中华民族传统,培养子女"根"的意识很重要,所以将华人传统保留得十分完好。众多节日中,我想着重谈谈清明节,因为清明节的习俗是中华民族的一种死亡教育,也是中华文化的一个特殊符号。

第三次外派,我是在泰国易三仓商学院里的北京语言大学曼谷学院工作的。因为是夜大,我常常晚睡晚起。但近清明节的一个月能够早起,都"得益"于华人墓

---

[1] 龙高云《泰国春武里哪吒三太子庙探析》,载《八桂侨刊》,2019年第3期。

地的鞭炮声。在我学校的方圆一公里内共有三块墓地：华人的、伊斯兰教教众的、基督教教众的。我所在的天主教学校正好处于这个"天国"中心。谁能想到高楼林立的使馆区和金融街掩映了这么多的魂灵呢？

窗边时不时传来《古兰经》和《大悲咒》的混杂音乐，这片包容的土地，让各宗教人士都有了归属感……

我喜欢站在楼顶思考问题，看一眼墓地冥界，再转身看一眼钢筋混凝土的现代住所，恍如隔世，所有的难题都在这生死之间释怀了。

俯瞰华人墓地，平时会有很多华人在里面围着坟茔跑步、打太极。清明期间，这里烛光闪闪，鞭炮声不绝。有个华人学生说要带我去公园，到了才发现是隔壁的华人墓地，大门口立着中式牌坊，上书"潮州会馆"四个大字，里面有一座礼堂。原来这是潮州人的集散地，旁边就是坟墓，郁郁葱葱的。看到人们在他们祖先周围悠哉游哉地锻炼身体、聊天娱乐，我惊悚的汗毛才逐渐卧倒，我也就壮起胆儿去欣赏碑文……那里大多是男主人和三四房太太的合葬墓，看着碑文，可以想象他们曾经的人生。

我问华人学生："为什么要在墓地休闲娱乐，你们不怕吗？"学生笑着说："老师，他们是我们的祖先，只会保佑我们，为什么怕？我们让祖先看我们的成就不是很好吗？"

泰国华人很重视团体的力量，来自中国不同地方的华人聚集在一起成立的商会，在泰国商界占据相当重要的位置。第三、四代华裔大多已不会说汉语了，但清明扫墓的习俗在海外完好地保留着，这是永远的中国印记……

五年转瞬即逝，回忆就像重映的电影一样。那满眼的五彩斑斓与酷热点燃的异域风情，让人回味悠长。还有学生们温柔地说着的汉语始终绵延耳际……

感恩在泰国遇到的一切的一切，也感谢那段轻松自由的时光、充实的五年。因为那是一段值得探索和思考的生活。（合十礼）

作者简介

何学颖，毕业于上海外国语大学俄罗斯语言文学专业和语言学及应用语言学专业。2006年8月至2018年8月在北京语言大学汉语速成学院从事对外汉语教学工作和孔子学院总部赴外志愿者培训工作，期间三次外派北京语言大学曼谷学院从事本科教学工作（前后共五年时间）。2019年9月回国后在孔子学院事业部做研发工作。工作之余主要从事纪实文学写作、对外汉语教学研究和俄罗斯文学翻译。主要成果：纪实文学《黎明小镇的卫士们》；俄语短篇小说译文《珂赛特》；教材翻译《汉语教程（一、二、三）》（2009年俄文版）；论文《中高级对外汉语视听说教学中的文化因素教学》，《EF班高级经贸汉语阅读选修课定位研究》。

我们在巴基斯坦的"跨文化之旅"

张道建

我 2012 年 10 月份到达巴基斯坦伊斯兰堡，开始了自己的国际中文教育生涯，一转眼将近九年的时间就过去了。2017 年，我应邀到澳门科技大学做了一场报告，题目就叫《巴基斯坦——熟悉而又陌生的"铁兄弟"》。确实，"巴铁"的名号如雷贯耳，但是大家却缺少对它的理解，真的是既熟悉又陌生。同样，巴基斯坦对中国这个"比山高、比海深、比蜜甜"的友好兄弟国家也缺乏了解，甚至还有不少误解。孔子学院作为中巴之间的一座桥梁，在过去十几年的时间里发挥了重要的作用，不仅为巴基斯坦培养了很多汉语人才，也在中巴文化交流的领域做了很多工作，积累了一定的经验。由于我在这里主要是从事孔子学院的管理工作，所教的并非是中文语言课，而是和中国历史文化等相关的课程，因此对于"跨文化"的案例深有感触。本文尝试列举一些具有代表性的跨文化案例与各位同人分享，希望能给即将出国任教的年轻教师一点有用的提示。

日常跨文化案例之饮食篇：利用美食提高文化活动的效率

"民以食为天"，饮食习惯的差异可能是所有在国外任教的人所要克服的第一道障碍，只有肠胃安定下来，才算得上真正进入了另一个文化圈。与此同时，也要思考在一个文化与中国差异较大的国家，如何才能利用文化活动等机会给他们展示我们的传统食品和饮食文化，并且以此为契机，让同学们了解我们的生活方式和风俗习惯及其背后所蕴含的文化、历史传统，讲解中国传统文化和哲学对于饮食和生活方式的影响。例如对大部分中国人来说，春节吃饺子、元宵节吃汤圆、端午节吃粽子、中秋节吃月饼等都是节日生活不可或缺的一部分。"中庸之道""阴阳平衡""天圆地方"等这些传统的哲学思想和悠久的文化历史传统，对于刚接触汉语和中国文化的同学来说非常难，甚至都没有一个很好的翻译对应词语，如果强行灌输，势必造成理解上的困难。因此,我们可以利用一些能直观呈现这些内容的机会引起他们的注意,并且"现身说法",趁机给他们讲解中国传统节日的文化内涵。例如在中秋节,我们设计的文化讲解路线是:1.月饼实物吸引;2.月饼实物品尝;3.利用他们的好奇心,引导他们学习"月饼"这个词;4.趁机解释月饼的形状和当天晚上的月亮一样,是圆的;5.告诉他们,"圆"这个字在汉语里有"团圆"的寓意;6.吸引他们了解"嫦娥奔月"的故事;7.通过"团圆节"吃圆圆的月饼这一习俗,引导他们理解中国人对于节日的重视。对于春节、元宵节等重要节日的介绍,也采取相似的路线。美食是最能吸引人的文化形态,利用美食所进行的跨文化教育也是最直接、最有效的,常常会让巴基斯坦的朋友们有恍然大悟的感觉。

其他一些有关饮食习惯的问题也非常有趣。例如,他们经常问:"听说中国人热天也要喝开水,为什么?"虽然我知道这里面有一些历史演变的过程,但我会从中国"阴阳调和"的角度,简单地解释说我们中国人喝的不是开水而是温水。"为什么呢?""当然有历史的原因,但是我们都相信温度过高或者过低都会破坏我们体内的阴阳平衡,容易生病,要保持平衡才是最好的状态。""那什么是阴阳平衡呢?这个要慢慢道来了,这要从中国的古代哲学谈起……"还有人说:"听说你们中国人下午四点以后就不吃饭了?""不,不是的,我们中国人大多数是吃晚饭的。虽然有些人讲究'过午不食',但是一般人都不会这样。我们讲究的是'早饭吃好,午饭吃饱,晚饭吃少',因为我们相信身体的运动规律和宇宙是一样的,该静的时候就要静,肠胃也需要静下来,这就是我们的'天人合一'思想。"他们会说:"怪不得中国人看上去年轻,而巴基斯坦人看上去年老。因为我们不吃早餐,午餐不过是一顿午茶,到了晚上七八点钟之后才开始把自己的胃塞满,然后就上床睡觉。这样,人就变得臃肿,健康也容易出问题。"我们改变了很多巴基斯坦学生和朋友的饮食习惯和规律,他们逢人就帮我们"推销"中国人的生活方式。虽然我的解释未必准确,但是却激发了他们进一步了解中国文化的兴趣。

我想,这大概是最为直接也是最为有趣的文化交流方式吧。

课堂跨文化教学案例之因势利导篇:"命运"的差异与"跳眼皮"

我们经常强调"跨文化交流"在汉语教学中的重要性,如何提高老师的跨文化交流意识也是孔子学院所面临的一个重要课题。"跨语言"的实质就是"跨文化",因为几乎所有常用词汇都渗透进了一定的文化内涵,甚至连常用的名词都是如此,例如"树""水""椅子""老师"。即便是动物的名字这样简单的词汇,在不同的文化中所产生的含义也不是完全对等的,比如中国人看到"水"脑子里会浮现出"上善若水""水能载舟""柔情似水"等文化意象,而巴基斯坦学生则不可能意识到这些;再比如"树",我们可能会联想到"环保""十年树木""涵养水土"等意象,但是巴基斯坦人却认为树木会吸收地里的水分,导致土壤干燥,因此他们经常会在天气又旱又热的时候,大肆砍伐树木。动物名字的含义在不同文化里差异就更大了,比如"猪、狗"在中国都是骂人的话,而在其他文化里他们可能是可爱、忠诚的象征,在伊斯兰世界里"猪"更是一种忌讳。这些微妙的差异只能随着学生汉语水平的提高而逐步得到理解,无法急于求成,但是老师脑子里必须要有这个意识。至于一些抽象的词汇,在含义方面的差异就更大了。

2019年,有一次我们举办文化活动,其中有用毛笔字书写汉字的环节,一个汉语水平较高的学员随手就写下了四个大字"都是命啊",惊得在场的老师们目瞪口呆,不知道他要表达的是什么。这四个字在汉语里是一句表达时运不好或命运多舛、无可奈何的感叹,按说巴基斯坦学生并不能意识到这一点,这个学生在写下这句话时好像也没有什么异样的表情。后来我们猜测,他把"命"这个高级词汇按照伊斯兰教的教义理解为了"fate"或者"destine",而汉语的"命"则主要来自于传统的"天命"以及后来受到佛教影响的轮回命运观。两种对"命"的理解并不是完全对等的。中国人说"都是命啊"的时候多是出于"谋事在人,成事在天"的无奈或者是受佛教的三世因果论的影响才发出的感叹。而巴基斯坦人的命运观和我们完全不一样。他们信奉安拉,大多数人认为安拉已经以凡人所不能理解的方式安排了所有人的命运,因此虽然人具有自由意志和选择的权力,但总是在安拉的意志之下的。因此,他们乐天知命,对于人生的得失并不太在意,无论发生了什么事情,一切都是"安拉的旨意"。所以,如果没有更深入的学习,中国人关于"命"的话题对他们来说非常难以理解。这位同学真正想要表达的意思是"安拉给每个人都安排好了命运",并非中国人的感叹"都是命啊"。这两种表达反映了两种文化比较深层次的内涵,是一个较为典型的案例。当他对你说出"都是命啊"这样的话时,作为中国人，我们首先感觉到的无奈和辛酸却不是他所要表达的内容。语言表面上的相似性背后隐藏着深刻的文化差异。中文教育到了高级阶段，教师就必须要有能力在这个层次上对一些抽象而重要的概念进行比较和区分。后来，我们就把这个案例记录下来，作为有趣的例子展示给学生并进行课堂讲解，他们也听得津津有味。这也说明文化教学的难度有多大！差异无处不在，强行灌输效果不好，如果我们不能够因势利导，抓住学生感兴趣的点进行"突击讲解"，很难解释清楚这么深层次的内容。所以，文化教学的案例也有很多随机性。

再给大家分享一个教学案例。有一次，一位老师在教授HSK4级的一篇课文时，学生不理解"我最近眼睛总是跳"这句话，老师就解释说实际上是"眼皮总是跳"，并不是真的"眼睛在跳"，然后问他们有没有这种经历。同学们恍然大悟，异口同声说有，老师就顺势给他们教授了"左眼跳财，右眼跳灾"这句中国民间普遍流传的玩笑话。学生们明白了句意之后，兴奋地说："老师，我们民间也有一句几乎同样的话，但是我们说的是左眼跳灾，右眼跳财。"虽然学生不知道为什么会有这样的差异，但他们为两国有近乎一样的民间文化而兴奋不已。原来，在穆斯林文化里，右为尊，左为卑，所以他们就把"财"给了右眼，把"灾"给了左眼。看来，文化也是分"左右"的啊！这也是老师因势利导、抓住有利的课堂契机进行文化教学的一个实例。

课堂跨文化交流案例之随机应变篇：古诗和象棋的故事

文化差异普遍存在于教学中，一些由风俗和禁忌等引起的突发事件对老师的应变能力而言是个很大的考验。下面分享两个有趣的案例，希望对大家有所启发。

有一次在教二年级小朋友学习《悯农》这首诗的时候，通读诗句并梳理完意思以后，老师想引导小朋友引申出诗的深刻含义，于是就问他们："这首诗告诉我们什么？"（预期答案是"粮食来之不易，我们要节约粮食"。）学生一脸迷惑。然后老师进一步提示："我们怎么得来的粮食？"（预期答案是"通过农民的辛苦劳作"。）生活在首都的小朋友们或许根本没见过庄稼，所以他们仍然满脸困惑，片刻之后，突然一个小男孩恍然大悟，急切地举手回答，他很兴奋、很得意地说："安拉给我们的！"这样的回答与老师的预期有一定的差别，所以老师顺势继续引导："是的，你说得非常对！但安拉通过谁给了我们粮食？"这才有同学说出了"农民"及后来的"辛苦""珍惜"等关键词，这堂课才最终实现了教学目标的第三个维度——"情感态度和价值观"。

另外一个案例更加具有文化的内涵。为了提高小朋友们学习汉字的积极性，一位老师把中国象棋带到了教室，教他们每个棋子上的汉字以及意思，并告诉他们象棋的规则。那节课的效果非常好，学生们很快就认识了所有棋子上的汉字，并且基本能两两对弈。下一节课的时候，同学们兴奋地说还要玩中国象棋，老师看他们热情高涨，就同意他们再玩十分钟，只有一个小女孩走过来跟老师说："老师，我不能玩这个游戏，因为我爸爸不让我玩。"老师非常不解，问她为什么，她说："爸爸说不让我们动不动就杀呀杀的。"老师瞬间恍然大悟，因为孩子们在下棋的时候总是说"我杀你这个，杀你那个"。这时，既不能否认孩子的观点，又想继续文化教学，该如何是好呢？老师灵机一动，说："实际上那都不是真的杀，而是俘虏，你看，等游戏结束后，是不是把他们又都释放了？"小女孩似乎一下子明白并释然了，这才高高兴兴地跟同学们下象棋去了。

总之，生活在海外的国际中文教育工作者，无论是在日常生活中还是在课堂教学中，都会经常遇到类似的文化差异，这就需要他们有效利用所掌握的文化知识，不停地积累经验，有策略地根据实际情况灵活化解这些文化差异所导致的一些冲突，尽可能做到求同存异，避免文化差异所带来的潜在冲突，顺利完成跨文化交流的任务。

作者简介

张道建，北京语言大学副教授，比较文学硕士，文艺学博士，主要研究方向为文化研究和国际汉学研究，发表学术论文十多篇。自2012年10月起赴巴基斯坦伊斯兰堡孔子学院担任中方院长，两次受邀在巴基斯坦国家电视台作为嘉宾参与《45分钟》访谈节目，2016年被孔子学院总部授予"先进个人"称号。在孔子学院任教课程包括"中国概况""科研方法导论"等，此外还为驻巴教育机构和企业进行关于中国文化的培训。

沙特汉语教学与中阿人文交流

王光远

2010年初，我登上了由北京前往沙特阿拉伯王国首都利雅得的飞机。2009年9月，沙特苏欧德国王大学（King Saud University）刚刚成立了海湾地区的首个中文专业，希望与北语合作。作为阿语专业出身的教师，我义不容辞地接受了外派任务。虽然我之前已经去过不少阿拉伯国家，但"盛产"石油大亨的沙特却一直无缘踏足。这次能有机会前往这个位于阿拉伯半岛核心区域的国家，我心中满是兴奋与期待。

沙特阿拉伯位于亚洲西南部的阿拉伯半岛，具有重要而独特的地缘战略位置。沙特以盛产石油而闻名，目前原油探明储量367亿吨，占世界储量的15.9%，居世界第二位。天然气储量8.2亿立方米，居世界第六位。在国际上，沙特以较强的经济和金融实力成为"二十国集团（G20）"成员。中国和沙特的友谊源远流长。从公元7世纪起，很多阿拉伯人从阿拉伯半岛出发来到中国进行经贸活动。公元15世纪，郑和率领庞大的舰队下西洋，途中曾到过吉达、麦加等地。1990年，沙特阿拉伯王国与中国建立了外交关系。两国虽建交较晚，但双边关系发展全面、快速，合作领域不断拓宽。特别在近些年，随着两国领导人互访次数的增加，中沙战略合作关系不断升级、深化，中国已经成为沙特最大的贸易伙伴。

宏伟壮丽的校园与全是男生的班级

我所执教的苏欧德国王大学是沙特阿拉伯的最高学府，也是沙特最古老和最有名望的大学之一，有"大学之母"的美誉。该所大学的前身是沙特第二任国王苏欧德国王于1957年建立的利雅得大学，它也由苏欧德国王而得名。

苏欧德国王大学的校园宏大、壮丽，令人震撼。淡黄色的宫殿式建筑在沙地中拔地而起，巍峨的立柱走廊贯穿整个校园，仿佛《一千零一夜》中描绘的传奇城市。到了夜晚，柔和的灯光点缀着校园建筑的外墙，在朦胧月色的衬托下，带给人一种穿越千年的沧桑感。

就是在这样的校园里，我与另一位同事肖立老师接手了第一批学习汉语的沙特学生，一共有20人，都是男生。这是由于沙特特殊的社会风俗和传统，男女生要在不同的校区学习生活。班里的男生大多穿着白色的阿拉伯长袍，头戴宽大的阿拉伯头巾。他们中有从大城市来的孩子，虽然穿着传统的阿拉伯大袍，但言谈举止还是能感受到西方文化的影响；也有从沙漠腹地贝都因部落来的孩子，质朴忠厚，不苟言笑。但所有人的眼神中都透露出对汉语的好奇和渴望。

语音教学与母语负迁移

通过一段时间的语音教学，我发现沙特学生在学习时主要受到母语语音的干扰，而极少受到来自英语语音的干扰。这主要是由于沙特虽然通用英语，但普通学生中不懂英语的占绝大多数，即使懂英语的学生，其了解程度也比较有限。因此沙特学生在语音学习方面受到阿语负迁移的影响最大，呈现出的问题与以英语为母语的学习者相比有很大不同。在实际教学中，我开始使用语音对比的方法向沙特学生讲授汉语语音的发音部位、方法和技巧，重点研究他们的发音偏误，并总结出了一套针对沙特学生的语音教学模式。

一、b[p] 与 p[pʰ] 分不清

因为在阿拉伯语中，只有不送气的双唇塞音ب[b]，而没有送气的 p[pʰ]，因此很多沙特学生都把 p[pʰ] 发成 b[p]。一开始我单个演示纠正，强调 p[pʰ] 这个音的送气特点，但效果不佳，仍有一些学生发不出 p[pʰ] 这个音。后来我发现，这部分学生对于送气过于敏感，也就是他们在发音时觉得自己送气了，但实际上送气的力度并不够，因此无论怎么发都只能发出 b[p] 而不是 p[pʰ]。于是我让这部分学生对着自己的手掌发 p[pʰ]，体验发这个音时气流吹向手掌的力度。在反复练习后，学生们都能顺利地发出 p[pʰ] 音。

二、发得又重又短的 b[p]

大多数沙特学生发 b[p] 时会把嘴唇绷得很紧，把音发得既重又短。这主要是受母语负迁移的影响，因为在阿拉伯语中，虽然ب[b]是一个双唇塞音，但却也是一

个浊辅音，而汉语中的 b[p] 则是清辅音。因此，在实际教学中，我会特别向学生们强调汉语中 b[p] 和阿语中的 ب[b] 的发音区别，现场演示在发这两个音时嘴唇松紧程度的明显差异。

三、发成后喉小舌音的 g [k]

对于 g[k] 这个音，沙特学生经常会把音发得很靠后，从喉咙后部而不是舌根部发出。这是由于阿语中与 g[k] 发音相似的 ق [q'] 是后喉音，发音时需要舌根根部抬起，与小舌形成阻碍，然后气流冲破阻碍，且声带振动。而汉语中的 g[k] 则是舌根与软腭形成阻碍，发音时气流冲破阻碍，但声带不振动。我在实际教学中会反复向学生说明二者在发音部位和发音方法上的区别，辅之以反复的练习，学生都能很快掌握。

四、发成摩擦深喉音的 h [x]

沙特学生发 h[x] 这个音时，受母语中负迁移的影响，一般都会带有明显的摩擦音，并且发音偏后。这是因为在阿语中与 h[x] 相近的音是 خ[x]。阿拉伯人发这个音的时候，舌面后部要与软腭形成一定的阻碍，气流通过时带动部位发生颤动，因此会带有很强的摩擦音。

所以在教学中，我除了强调 h[x] 音不需要很强的摩擦外，也向学生们讲解 h[x] 与 خ[x] 在发音部位方面的区别，即 h[x] 的发音部位在舌根，发音部位和软腭之间不形成阻碍。而 خ[x] 的发音部位在舌根以后。

还有些沙特学生会把 h[x] 这个音从喉咙深处发出，就像深呼吸一样。这主要是受到了阿语中另一个音 ه[h] 音的影响。ه[h] 与 h[x] 的发音听起来相似，但前者属于喉壁音，发音部位位于喉咙深处，是阿拉伯语中发音部位最深的音之一。因此，我在教学中通过语音对比的方式，让学生将 ه[h] 音发音部位上移至舌根，就可以顺利准确地发出 h[x] 音。

五、发成大舌颤音的 r [z]

由于 ر[r] 这个大舌颤音在阿拉伯语中被使用得比较频繁，少数沙特学生会将汉语中 r[z] 音发为颤音。比如说肉 [rou] 这个字，沙特学生会读成 [rrrrrou]，听起来有点儿怪异。这是因为汉语的 r[z] 是擦音、舌尖后音，而阿语中的 ر[r] 是颤音、舌尖中音。因此，在向学生讲解 r[z] 音时，除了要强调这不是颤音，舌头不能颤动外，还应提示学生舌尖的位置，即舌尖应卷起抵住上颚前部，舌位保持稳定。在讲解清楚的基础上强化练习，就能让学生很快掌握正确的发音。

综上所述，沙特学生在语音学习方面出现的偏误主要受阿语负迁移的影响。因此来沙特进行汉语教学的教师最好具备对目的语和媒介语进行对比的能力，对学生的偏误能进行有针对性的分析、解释及纠正，科学地减少学生在汉语学习过程中的语音障碍。只要方法正确，很多语音问题都能迎刃而解。

汉字教学——沙漠文明与农耕文明

在进行汉字教学时，我常常采用启发法，让学生们发挥想象力，根据汉字的图形大胆猜测意思，特别是在教会意字的时候。但是，有些时候也会由于文化差异产生意想不到的效果。如在讲汉字"休"的时候，我特地将这个字拆开，分为"人"和"木"。通过图画的方式，告诉学生们"亻"是个人字，木是树木，进而提问：当一个人走到树下的时候，他想干什么？本来我想让他们说出"休息（الاستراحة）"这个词，但是学生们却异口同声地说出了"遮阴（تظليل）"这个词。我顿时明白了，对于沙特人来说，在常年烈日炙烤下的茫茫沙漠中，能够找到一棵树遮阴，是多么珍贵的一件事情。在树荫下乘凉，躲避烈日的炙烤，实在是比休息更重要的一件事。沙特阿拉伯大部分领土为沙漠，常年高温，干燥少雨。在夏季时，最高气温可达到50摄氏度以上。然而，因为是干热，所以只要是在有树荫的地方，温度马上就可以降下来。也正因如此，在没有发现石油之前，沙特的房子都是用泥土建造的，墙壁非常厚，窗户都很小，目的就是隔热。本人曾参观过一些遗留下来的古代建筑，外面骄阳似火，一进到里面，竟然感到一丝凉意。因此，遮阳与隔热对于沙特人的生存来说至关重要，他们一直穿着宽松的白色大袍，戴着宽大的头巾，其目的就是为了防晒和降温。可想而知，一棵树对于他们来说，不仅仅是稍作休息的地方，更是可以保住生命的地方。

在教汉字"尘"的时候，我先教了"小"字和"土"字的意思，然后把"尘"这个字写在了黑板上。我先提示学生们将这个字拆开，大家很快就将其拆成了"小"和"土"。然后我又引导学生们发挥想象力，让他们猜"尘"字可能是什么意思。我先提示学生们，这是一种东西，而且在沙特很常见。学生们立即来了兴趣，有的干脆把"骆驼""椰枣"什么的都说了一遍。我又提醒同学们，这个东西一般在每年3月左右开始出现，每出现一次，气温就骤然升高。大概到5、6月份温度超过40摄氏度后，基本上就不会再出现了。学生们恍然大悟，纷纷说出了غبار（Ubar）这个词。沙尘是沙漠的衍生产品，利雅得作为沙漠中的绿洲城市，每年2—6月都会遭到沙尘天气的侵扰，那时整个天空都会被染成黄色。而当遭遇严重沙尘暴天气时，滚滚黄尘铺天盖地而来，一点一点吞噬掉整个利雅得。道路上的能见度只有1米左右，人们呼吸也变得有些困难。至今我还清楚地记得，在严重沙尘暴来袭的一天早上，我不是被闹钟吵醒的，而是被侵入房间的沙尘呛醒的。

沙特人的时间观与IBM

阿拉伯人时间观念淡薄，约会迟到，甚至"放鸽子"都是很正常的。这对于重视守时、讲究一诺千金的中国人来说，会觉得很难理解，认为这是对自己的不尊重。其实，这都是因为不了解阿拉伯文化的内涵。

由于沙漠中恶劣的自然环境，阿拉伯人习惯昼伏夜出，生活起居不像农耕文明的人们那样有规律，生活散漫、随意是其民族性的一部分。举个简单的例子，阿拉伯人口中的五分钟极具灵活性，其时间跨度可从五分钟延展至几个小时。也就是说，当一个阿拉伯人告诉你需要等他5分钟的话，那你需要等待的时间可能是数个5分钟；而当阿拉伯人说需要等待半个小时以上的话，那你就要做好他可能来不了的准备。在许多情况下，阿拉伯人并不把不守时当成一种过错。但有些人抱怨阿拉伯人不守承诺，则是因为不了解阿拉伯人的惯用语所导致的误会。其中有三个口头禅，阿拉伯人诙谐地将之称为"IBM"。

I是ان شاء الله（in shaanlah），意为"如果真主愿意的话"或"谨呈主意"。在与阿拉伯人商量、约定某些事宜，或者阿拉伯人就某些事情向你做出承诺时，他们经常会说这句话。这句话有两重含义：其一，如果事情顺利，则是真主的意愿，表现出阿拉伯人对真主的敬畏；其二，如果事情不顺利，则是天意，不能算不信守诺言，不能算他的责任。

B是بكرى（bukra），意为"明天"。但其含义并不真的是指明天，而是类似于汉语中的"再说"或"再看看"。

M 是 ما في مشكلة（ma fi mushkile），意为"没问题"，类似于英语中的"No problem""Everything is OK"。当你听到阿拉伯人说这句话时，不要觉得可以松一口气，以为万事大吉、大功告成了。而是仍需保持谨慎，做好心理准备。因为这句话往往只相当于汉语中的"好说好说""尽量尽量"。

总的来说，沙特学生的时间观念不强，上课迟到、缺勤现象虽偶有出现，但可以发现，造成这种现象的原因是课间休息时间过长。在我上课的初期，10分钟的休息时间往往被学生们拖到15分钟或者20分钟，极个别学生甚至半个小时才回来。因此后来我改变策略，每次课间休息前，会开玩笑地对学生们说："我们现在休息阿拉伯时间的2分钟"或"我们休息国际时间的10分钟"。学生们哈哈大笑，心领神会，基本上10分钟左右都能回到教室，课间休息时间过长的问题得到了较好的解决。在我与沙特学生相处期间，经常能够听到IBM类的口头禅，特别是 ان شاء الله（in shaanlah）和 ما في مشكلة（ma fi mushkile）。但是，令我感到意外的是，他们说这些IBM并不是在敷衍我，最后他们都履行了对我的承诺。究其原因，我认为一方面因为我的身份是老师，所以学生们不敢敷衍了事；另一方面，也是最为重要的，则是因为我懂阿拉伯语，了解阿拉伯文化，知道如何与他们打交道，而且能够充分尊重和理解他们的文化和习俗。这大大拉近了我与学生们之间的距离，也对教学工作的顺利开展颇有帮助。阿拉伯民族是一个非常感性的民族，如果你在短时间内能够拉近与他们之间的距离，并且他们感受到你对他们的尊重与理解，那与他们打交道就会变得容易很多。

学汉语做生意——商业民族精神的体现

在与学生们聊起学习汉语的动机时，这二十个学生十有八九都说是因为想去中国做生意。有的学生是因为家里有亲戚在中国做生意，所以才报名学习汉语。一位叫班达尔的学生说："我叔叔每年都会去广州参加广交会，我学好汉语后，就可以跟我叔叔一起去。"另一位叫阿卜杜拉的学生更有意思，他说："中国的商品都很便宜。我要到义乌去，听说那里的东西最便宜，我去买一些，然后回到沙特高价卖出，赚取天方夜谭般的利润。"在广州和义乌确实有大量的阿拉伯商人做生意，那里甚至形成了阿拉伯人社区。但为什么阿拉伯人如此重视做生意呢？这就要从阿拉伯民族的商业精神讲起。

自 20 世纪以来，一些阿拉伯国家的确因盛产石油而变得传奇般富有，石油带来的财富也让一些阿拉伯人成为了别人眼中的"土豪"。但是，在发现石油以前，阿拉伯人并非只能在沙漠中过着放骆驼的苦日子。实际上，自古以来，阿拉伯民族就是一个重视商业的民族，依靠商业在资源贫瘠的沙漠中顽强地繁衍生息。靠着灵活的商业头脑和优越的地理位置，阿拉伯人在东西方开展各种贸易活动，积累了大量财富。

古代阿拉伯帝国横跨欧、亚、非三大洲，占据着连接东西的交通要道，控制了丝绸之路贸易的西端。这让阿拉伯人处于非常有利的地位，可以从东西方贸易中谋取巨大的利润。东至中国，西到西班牙，南到非洲东部，北到俄罗斯，都有阿拉伯商人运输货物、讨价还价的身影。在北欧斯堪的纳维亚半岛甚至还发现过大量刻有阿拉伯文的货币，这印证着阿拉伯商人的活跃与冒险精神。到了现代，阿拉伯商人依然是商界的一股不容忽视的力量，他们活跃在世界各地，寻找一切可能的机会赚取利润。阿拉伯民族是一个商业精神深入骨髓的民族。几千年的商业贸易活动，不仅为阿拉伯人带来了巨额财富，也让他们成为了东西方文明交往的媒介和桥梁。他们为促进文明交流，乃至整个人类文明的进步做出了巨大贡献。

因此，这些学生将学中文与做生意画上等号，并不意味着他们学习的功利性，反而恰恰是他们作为商业民族这一特质的体现。在教学中，我也有意举一些中国商品的例子，让学生讨论哪些商品能在沙特卖出好价钱，如何用中文与商家讨价还价或进行商业谈判等，学生们很有兴趣，学习的积极性非常高，教学效果也很好。

文化教学——绿茶、乳香与丝绸之路

为了让学生迅速增进对中国文化的亲近感，我选择从茶文化入手。因为阿拉伯语中的"茶叶"一词，正是汉语中"茶"的音译。学生们都知道"شاي（shaya）"来自中文，于是我将"茶"的汉字教给了大家。

随后，我拿出从中国带来的茶具和绿茶，给学生们进行茶道的讲解和演示。我展示了从洗杯到泡茶、分茶各个步骤，沙特学生第一次见到这种喝茶的方式，都非常兴奋，目不转睛地盯着我的每一步动作。泡好茶后，我将茶水分到各个小杯，请同学们品尝。这时，一个叫欧斯曼的学生拿出了一小袋糖，准备分给其他同学，让大家加入茶水中。我赶紧向他解释，中国人喝茶一般不加糖，特别是喝绿茶的时候。阿拉伯人平时也喜欢喝茶，但一般只喝袋装红茶，且喝的时候必须要加糖，甚至加入大量的糖。对于他们来说，喝茶不加糖就好像炒菜不放盐一样没有味道。在我的建议下，学生们放弃了加糖，仔细品尝起中国茶的味道，感觉很新鲜。

在品茶的时候，我借机向大家提问：为什么茶叶在阿拉伯语中的发音是"shaya"，与汉语相似，而英文中茶的发音就是 tea 呢？学生觉得这个问题很有意思，但一时却想不出答案。于是我在大屏幕上打出了丝绸之路的图片，并向学生们讲解："在中国北方方言中，'茶'的发音是'chá'，茶叶从陆上丝绸之路的起点西安开始，一路向西经过中亚、伊朗最终到达了阿拉伯半岛，在这些地区茶叶的发音都与中国北方方言中'茶'的发音相似，比如波斯语中的'茶'的发音就几乎跟汉语中的一模一样，读作'chayii'，而阿拉伯语中因为没有'ch'这个音，因此就用'sh'来代替，于是茶叶就成了'shaya'。而在中国南方福建省的闽南话中的'茶'这个字的发音是'te'，当时的福建泉州是海上丝绸之路的起点，大量茶叶从这里经海路出口到欧洲，因此西方人就着福建人的发音将茶叶读成'tea'。"学生们看着大屏幕上陆上丝绸之路的图片，又看着茶杯中的茶叶，他们没想到日常喝的茶与中国有如此丰富的联系，都觉得非常神奇。

我又问学生们："在阿拉伯语中有汉语的外来词，那在汉语中有没有阿拉伯语外来词呢？"学生们马上又来了兴趣，有些人绞尽脑汁地在想，更多人瞪大眼睛，期待着我给出答案。于是，我将"乳香"这个词写在了黑板上，带着学生们一起读。在读了几遍后，我告诉学生们，这个汉语词就是从阿拉伯语来的。所有人面面相觑，不知道是哪个阿语词，因为汉语与阿语的发音系统实在相差太多。于是我又进一步给出提示，这是一种药材，生长在阿拉伯半岛南部，特别是在阿曼。于是，马上有学生做出了反应，是لبان（ruban）。

乳香是阿拉伯半岛南部的特产。在古代，乳香是一种珍贵的香料，也是一种药材，具有消毒、杀菌等功能。我随即向学生们讲解了乳香进入中国的历史和途径：乳香首先通过陆上丝绸之路进入中国，特别是在两宋时期，随着海上丝绸之路的畅通，乳香的贸易规模也逐渐扩大，根据史料记载，从阿拉伯半岛起航，通过海上丝绸之路到达广州、泉州等地的乳香有时能达到数万斤到数十万斤之多。

然后，我又向学生们介绍了乳香与中阿医学交流的内容：随着乳香的大量进口，阿拉伯医学传入中国，丰富了中医药理系统和疗法。很多阿拉伯药方如"悖散汤""大食国胡商灌顶油法"等流行一时。同时，乳香的药用价值得到不断开发，乳香成为了重要的中医药材。随着丝路乳香贸易的日渐繁盛，很多医术高超的阿拉伯医生也来到中国行医，他们及其后人对中医的发展做出了杰出的贡献，留下了《回回药方》等传世之作……

学生们一边听我的讲解，一边看着屏幕上的海上丝绸之路地图，仿佛进入了一场跨越千年的旅程，纷纷感叹中阿交流的源远流长，对中国又多了一份向往与期待。

结语

中阿文化交流源远流长，底蕴深厚。阿拉伯人是最早向世界介绍中国的民族之一。通过陆上和海上丝绸之路，阿拉伯商人和旅行家们来到中国，将他们对中国政治、经济和社会文化的观察记录在游记、地理典籍和史书中。后来这些文献传入欧洲，成为了西方人了解中国的重要参考资料。还有一些阿拉伯商人选择定居在中国，他们不仅积极学习汉语和儒家文化，还与中国人组建家庭，高度融入古代中国的社会生活。在他们的后人中出现过萨都剌、丁鹤年和高克恭这样的文学家、诗人和儒学家，这些人为丰富中华文化的内涵做出了卓越的贡献。

近年来，随着中沙之间各领域关系的全面发展，沙特的"汉语热"不断升温。2019 年，沙特政府宣布将汉语教学纳入国民教育体系，所有中小学都将陆续开设汉语课程。此外，沙特还有 5 所大学计划开设中文专业。沙特未来汉语教育的发展空间不可限量。

相信在中沙双方的共同努力下，沙特不仅会涌现出越来越多精通汉语的专业人才，也会出现一批熟悉和热爱中国文化的汉学家，他们不仅将为中沙两国的友好合作贡献力量，而且更将为中阿文化交流谱写新的辉煌篇章。

作者简介

王光远，博士，北京语言大学中东学院副教授。2010—2012 年在沙特苏欧德大学教授汉语和中国文化。研究方向：中东历史与国际关系。

哥廷根汉语教学散记

陈 慧

2016年国庆节，我离开家人，独自飞赴德国哥廷根——一座因一所大学而闻名世界的小城。在这里，我与哥廷根大学汉学系师生共度了两年时光。如今，在回到祖国近四年之后，翻开当年的教学日志，这段异域的从教生活又清晰地浮现在眼前：我每天都伴着雅各比教堂的钟声，穿过中世纪的老街，踏上学校樱花大道、斜穿七君子广场，踩一段黑色细石小路，就到了汉学系所在的大楼——后现代风格、气派非凡的哥大文化中心，推开大门，迎面飘来大厅Café里面包、咖啡的氤氲香气。我和我学生的故事就从这里开始……

榨干练习册的所有价值

哥廷根大学汉学系是德国中文教学规模最大的阵地之一，其汉语教学有着成熟的课程规划。他们低年级的课程围绕一本综合课教材《中文听说读写》展开，老师们分工合作：周一，两个德方老师用德语串讲语言点和课文；周二、周三、周四，同学们分成四个小组由四个中方老师用汉语上课，称之为Seminar。前三天，学生将上完一整节新课，等到周四，同学们的学习劲头未免有如强弩之末，这时就安排较为轻松的练习课，老师带学生完成本周《中文听说读写》练习册的相应部分。老师们的教学进度要完全一致，但教学方法可以各显其能，鼓励创新。

某个学期，我有一门周四的练习课。上了两次循规蹈矩的练习课后，爱折腾的我就开始想：能不能以更具互动性、趣味性的方式做有效的课堂练习，把练习课变得更有价值呢？

我仔细琢磨了这本练习册的编写理念，它与课本扣得很紧密，听、说、读、写译五部分面面俱到，内容丰富，很是花了一番功力。我觉得除了作为课后练习之外，它还可以发挥更大的作用。于是我决定做一个小小的教学改革，榨干练习册的所有价值。我是这样处理的：

1. 听力部分：改为听—说—译。常规听力训练结束后，再让学生用听力材料以叙述改对话、对话改叙述的方式进行口语训练，最后还要做口头翻译练习。

2. 阅读部分：改为听—读—说。我提前将阅读材料录制成听力材料，学生听的时候把文字部分蒙起来，把文后的阅读题当听力题做。做完再一句一句地听后跟读。跟读完毕，将蒙起来的文字打开，根据阅读材料进行话题讨论。

3. 翻译、汉字书写部分：改为学生周末自主完成，第二周练习课答疑。

4. 写作部分：这是学生最犯怵的部分，课上以生生合作、师生合作的形式讨论、成段表达；课后，学生各自整理成自己的作文上交，第二周练习课讲评。

经过和同学们的详细沟通，我得知我 Seminar 上的几位同学十分认同和拥护我的"折腾"，他们丝毫不觉得这是增加学习负担，非常配合。德国的书很贵，有的同学用的是二手练习册，上面已经有了往年同学做过的答案，但他们会认真擦掉这些痕迹，严格让自己按照我的节奏和要求做练习。每当看到他们认真地蒙住原有的阅读材料，认真听、跟读的样子，我都既感动又欣慰。虽然我需要花更多的时间钻研练习册，将其设计成为花样百出的练习，还要录制听力文件。但是看到学生的努力和进步、感受到师生的默契的时候，我觉得没有比这更开心的事情了。

一整个学期里，同学们不止一次告诉我周四练习课是他们每周收获最大的课，也是他们最期待的课。一次年级教师例会上，主管教学的老师请我说说我的小"改革"，同事们听完后都说这是个好办法。后来这个做法被推广开来。在我即将工作期满回国前，应德方要求，我还把各年级练习册中的阅读材料统统录制成更清晰的听力材料，以方便后来的老师在周四练习课上使用。

临时接手"难搞"的班

有一天，我极不情愿地走进教室给一个班上周二的综合课。听老师们说这个班特别"难搞"，原来的综合课老师也不教了，所以中文主管找我谈话，让我中途接手。从教室后门穿到讲台，我一路经过刷手机、玩游戏、聊天、喝咖啡、赶作业的学生。距离上课还有两分钟，他们沉浸在自己的小世界里，瞧都不瞧我一眼。我落寞地走上讲台，心里有点气，头也没抬地说："请大家把作业交上来。"学生们漫不经心地从书包里拿出作业，习惯性地等着老师到他们面前取作业。我心里的小火苗又长高了一点儿，加了一句："请大家交到讲台上来。"同学们略感不安地把作业送到讲台上，似乎觉得新老师有点儿不好惹。我不怀好意地想："小样儿，还收拾不了你们！"

开电脑、擦黑板、打开书……师生各自把课前准备做完，我没理他们，他们也没理我，这和我想要的和谐、活泼的气氛相去甚远。随之而来的上课铃打破了这略显尴尬的沉默，显得分外刺耳，似乎在提醒我：嗨，教室里的"王"，你是继续跟学生怄气上不好课呢，还是做一个受欢迎的老师把课上好呢？

一个我在心里说：哼，课上得不好也不能怪我啊，我一向都是受欢迎的老师，但这个班可不是一个老师说"难搞"啊。可是另一个我在心里说：你自己是中途接手，对这个班的印象完全是受到以往老师的影响，你能不能试一试打破陈见，看看自己能不能和同学们友好相处，把这个班往正面带呢？

数秒之间，第二个我战胜了第一个我，上课铃停下来的时候，我已经打定主意必须要扭转这节课的局面，让课堂气氛活起来、乐起来。

我使尽浑身解数，牢牢控制着课堂节奏和学生们的注意力。比如读课文环节，常规做法是每人一句，挨个读到结束。这次，为了不让任何一个人游离在外，我把15个同学分成五个小组，每组三个人，每人读一句。一个句子读完，大家合作翻译成德语。翻译建立在理解的基础上，为了将中文准确翻译成自己的母语，同学们必须认真朗读和讨论。教室里顿时书声琅琅，中文与德语齐飞，热闹非凡。

全文朗读、翻译结束，他们对课文语言表达的理解也更深了一步。他们迫不及待地想知道他们的理解哪些是对的，哪些是错的，不会翻译的地方该怎么翻译。孔子说："不愤不启，不悱不发。"此时就是我讲课的最好时机了。讲课过程中，我一直在教室里来回走动，和同学们近距离地聊天式讨论问题，同学们简直是没空儿干别的了。男生M想拿出手机玩儿，我顺手以他为例说了一个句子："如果M不仅……而且……那么他很有可能……"大家都大笑着望向他，M啼笑皆非，不好意思地停住了手。又一个学生在玩手机，我眼睛看着全班，脚步朝他桌前挪过去，他嘻嘻一笑，举着手机——老师，我在查词典呢！好吧，不管怎么说，同学们迅速领会了新老师的纪律要求。这一节课，我不动声色地"控制"住了班上最"难搞"的几个学生,"点燃"了班上几个内向的学生,课堂变得生机勃勃起来。

下课了,同学们神采飞扬地跟我说再见。教室空了,我突然发现一个老师正坐在门边,原来她刚才一直在旁听我的课。她激动地说:"陈老师你太厉害了,你把他们带动得特别好啊,他们像变了个人一样。您知道吗?很多老师一听到这个'难搞'的班就头疼呢!"

我心里有些惭愧,原本我是小心眼地要跟他们作对,要给他们立威。要不是第二个我战胜了第一个我,恐怕我和学生会相看两厌。现在看来,没有教不好的学生,只有修炼不到家的老师啊!

口语课,我们"玩儿真的"

有次课要上"参加招聘会"。上课前,我已经想好这次要"玩儿真的"。上课了,我简单调查了同学们的经历,了解到有四位同学有过打工经历,经历过招聘。这就好办了!我请他们模拟某家公司召开招聘会,从班上的"求职者"中录取一位。

为了让招聘会上所有同学的"露脸"机会均等,我把事先准备好的细节要求提出来。比如,每位面试官都必须提问,且不能问其他面试官问过的问题;应聘者要详细回答所有问题,可以发挥想象给自己编造简历。

同学们一听,这还真是要"玩儿真的"啊,于是像模像样、热火朝天地准备开来。招聘方四位同学在开会讨论细节问题,比如这是个什么公司、要招什么样的人、薪酬待遇如何、专业要求是什么,等等。甚至谁是老板,谁是秘书都一一确定好。准备面试的同学们搬出教材和词典,和自己的"竞争者"互帮互助,准备自己的个人介绍,预估面试可能会被问到的问题。我则在同学们之间忙着应付各种语言问题,忙得不亦乐乎。

我们上课的教室正好是在一个会议室里,特别适合举办招聘会。招聘会正式开始了。扮演招聘方老板的同学气派十足,旁边经理、秘书的形象气质也都挺一致的。应聘者也像真的要去找工作一样一五一十地认真回答面试问题,谈论薪酬预期和岗位理解。你还别说,挺像那么回事的。最后,一个在银行实习过的女生获得了招聘方的一致认可。其他面试者一起向她表示衷心的祝贺。

面试结束，我请他们谈一谈刚才的体会，反思一下什么地方可以说得更好，然后我根据自己的记录对其语言表达进行点评。这节课的时间飞也似的过去了。下课以后，班长特意过来告诉我，说："老师，这样的课太有意思了，谢谢您！"

有限词语，自由表达

某节课学习中国传统节日习俗。小组活动环节，我照例请同学把话题迁移到德国，说一说德国传统节日习俗。

汉语表达原本很流利的 Christoph 在给两个同伴介绍时埋头查电子词典，支支吾吾说不出来，两个小组同伴猜了一阵子也陷入茫然。我赶紧走到他们小组那里。

Christoph 问："老师，我们在复活节有一个习惯，就是画鸡蛋，然后……"他打着手势，就是说不出后面的句子。

"……您明白吗？这怎么说啊？"他急切又羞涩。

还好我对欧洲的复活节是了解的。于是我问："你是不是想说，复活节，你们会在鸡蛋上画画，然后，把它放到一个地方让别人找？"我说得比较慢，并且连说两遍，边说边板书了他们想要的高级词语"彩蛋"和"藏"。

其他同学恍然大悟，Christoph 眼神里透着惊喜、兴奋的光芒，大家都乐了——原来"在鸡蛋上画画"和"把它放到一个地方让别人找"这些一年级学过的语言表达在三年级的话题里也够用了。

全班一起复述德国传统节日习俗的时候，我又让同学们重复了几遍"复活节德国人会在鸡蛋上画画，然后，把它放到一个地方让别人找"以及"复活节德国人会画彩蛋，然后藏起来"这两种表达。最后我说："你们看，其实不用查词典，也可以用简单的词来说句子了。"听完我的话，同学们故意摆出一副"志在必得"的骄傲的样子，意思是他们已经可以在中文的天地里"纵横驰骋"了。

这就是我的理念之一——口语课和综合课不一样，使用有限的语言材料，自由、准确、生动、有深度地表达，才是口语课最重要的任务。

最后一课，一波三折

按照不成文的规矩，每学期课程的最后一节课同学们往往都不来，我想那天的练习课大概率会是我一个人"表演"。但当我来到教室时，发现Z已经到了。Z是一位45岁的移民自辽宁的汉诺威汉语教师，每次来上课都需要往返三四个小时的车程。她注册了哥廷根大学的对外汉语教学专业的研究生课程，按照培养方案，她需要以亲身参加汉语课程的方式来学习如何教学。

看到Z坐两个小时的火车赶过来，我有点过意不去。她的想法是，今天其他同学应该不会来，这样她可以独享一对一的课，可以单独跟我学一些东西。为了不负美意，我跟她抓紧时间训练，解决她从东北方言中带来的一些发音问题。

正练习着，K踩着上课铃进来了。他的到来让Z有些失望，因为一对一上课结束了。我赶紧去智能屏调出听说材料，决定让Z和K按照复习材料练习口语项目，我在旁边记录一些小问题。K的汉语水平较好，他俩做口语练习还是能旗鼓相当的，对话中有些深层的语言文化问题，我们仨人一起讨论，配合默契。

过了大概一刻钟，F也来了。我又一次被打乱阵脚。F的汉语弱一些，这次我决定换成Z问K和F问题，两位用拼音把自己的回答写在黑板上。趁他们写的时候，我请Z来帮助检查拼写，顺便练习Z自己的发音。这样作为进修老师的Z和两位同学都能在同一个活动中提升自己的口语发音和拼音书写能力。

我们四个人在黑板前写啊、读啊、说啊，一个半小时的课不知不觉结束了，大家意犹未尽、互道祝福，给这"一波三折"的最后一课画上了温馨的句号。

我的土耳其学生Y

在德国两年的师生相处中，我和大多数学生都合作顺利，但也会碰到棘手的学生。给我印象深刻的是一个土耳其学生Y。Y第一年因为打工太多，学习跟不上而中途放弃，第二年他"卷土重来"，和其他"零起点"学生一起上一年级汉语，我是他们的综合课、练习课老师。由于第一年他学过一些汉语，所以第二年第一次课上，Y故意大声炫耀自己已经学过的内容，可怜的一年级"零起点"同学刚开始学"你好"，他就已经在说"你吃饭了吗"，让大家面面相觑。和他同桌的F一脸的不快，一节课都板着脸，下课后还来到我的讲台前，说以后再也不想跟Y同桌了。

这个小组课一共5个人，教室里的座位有两人座和三人座。第二次课，Y最后一个到教室。在这之前，我就"老谋深算"地将其他4位同学"妥善安排"好了两人座，等他来的时候，他只能一个人坐，没有机会骚扰同桌了。课程正常进行，我提前定好规矩，即按顺序发言。这样Y也没有机会在全班讨论时炫耀他上一年学过的知识了。

音节听力训练时，有道题的选项中有shéi和shuí。Y还没等听，就摇头晃脑地大声说："老师，这两个选项是一样的，都是who的意思，是要两个都选吗？"同学们都呆呆地望着他，即使听得懂他的英语，也完全不知道他说的是什么意思。我笑眯眯地回应：现在是音节听力练习，听到什么音节就选什么音节。他不好意思地点了点头。就这样，我完美避开了他期待的高光时刻。

接下来又碰到一个涉及汉语语流音变的问题。Y见缝插针说："这个全世界语言都一样……"我知道他有语言学背景，一定会大谈特谈语流音变和顺口、拗口的事，说不定还要讲土耳其语的例子，大概还要提一提土耳其语和维吾尔语的亲属关系……我马上截住说："嗯，是啊，为了说话更smooth。你说得对，全世界语言都一样。德语是不是也有这样的情况？"一说德语，所有同学都能立刻想到一些例子，Y又失去了领先的机会。虽然我掐掉了Y离题和表现的机会，但我每次都把最难的问题留给他，或者请他示范。Y算是"失之东隅，收之桑榆"。

为了缓和F对Y的不满，我请Y跟F在全班面前做对话示范，这种练习对于Y来说驾轻就熟，他能带着F完成得更好。而且这样的合作没有"玩花样"的可能，所以做完示范，F的脸色明显温和多了。我们交换了一下眼神，彼此心领神会。

以后的课上，我延续着按顺序回答问题的规则，给他分配较难的任务，让他知道我对他有更高的期待。由于相同的专业背景——语言学，我们经常在课下一起讨论语言学问题。相处久了，我也感受到了，他特立独行和爱炫耀的特点源自内心的自卑，一边打工一边学习两个专业的韧性和心底对汉语的热爱也让我钦佩。我们的关系亦师亦友。

在我离开哥廷根的前夕，有一天，下课后，我发现Y在教室外等着我。他走进教室，非常伤感地对我说："老师，我真不想您回北京，您是我最好的汉语老师！"我说："你这么说我太开心了，我也为你的成绩骄傲，你可以答应我，除了打工以外，继续坚持学好汉语吗？"他咧着嘴笑着点头，然后告诉我他的决定：等第三年留学时，他希望有机会来北京。临走前，我按照德国的礼节主动拥抱了他，拍了拍他的肩膀。他眼睛里满是不舍。这一刻，我们都很动容。

结语

在德国的两年，我教授了上百名汉学系学生，他们家庭不同、性格各异、生活方式千差万别，他们让我打破了对德国简单刻板的印象，亲身体验到了一个真实、立体、生气勃勃的德国。这两年，我不是一个人在战斗，我和德方同事、来自中国台湾的外派教师，以及哥廷根大学学术孔院的老师们一起组成了温馨融洽的国际大家庭，在这个大家庭里，我得到了足够的善意、温暖。我们肩并肩为共同的事业——国际中文教育——奋斗。哥廷根大学的汉语教学走在德国前列，所以我非常荣幸能亲身体验到他们的课程设计、教学管理，这些体验润物细无声地滋养着我自己的学术研究。

此时，合上我的教学日志，想象自己重回哥廷根，听着教堂的钟声，走过中世纪的老街，在学校樱花大道尽头斜穿七君子广场，走过一段黑色细石小路，推开大门，在弥漫着氤氲香气的哥大文化中心，我的旧同事们正在教授面孔陌生的新同学。国际中文教育事业正在这个伟大的学校生生不息。

作者简介 --

陈慧，女，2008年获得北京语言大学应用语言学研究所博士，北京外国语大学中文学院副教授、硕士研究生导师、语言学及应用语言学研究所副所长。

梦圆哥廷根

何一薇

第一次听说哥廷根是因为哥廷根大学，这是季羡林先生留德十年求学的地方，哥廷根是他魂牵梦萦的城市："当年我常同中国学生或者德国学生，在席勒草坪散步之后，就沿着弯曲的山径走上山去。曾登上俾斯麦塔，俯瞰哥廷根全城；曾在小咖啡馆里流连忘返；曾在大森林中茅亭下躲避暴雨；曾在深秋时分惊走觅食的小鹿，听它们脚踏落叶一路窸窸窣窣地逃走……"这些文字描绘的画面以及产生的神奇魔力让人对哥廷根神往不已，那是个学术殿堂，带有迷人的光环，同时又是朴素、亲切、温暖的，带有烟火气。我在国内的大学和世界不同城市的孔子学院有合作关系，当我有机会可以出国任教时，我毫不犹豫地选择了德国的哥廷根大学孔院，我想是季先生的那些文字引导着我走近她的。

当我站在市政厅前，终于见到著名的鹅女孩的塑像时，哪怕是第一次见，竟也似曾相识，毫无陌生感，因为听说了太多关于她的故事。青年学子获得博士学位后，都会坐上花车，一路欢声笑语、敲锣打鼓地来到她的跟前，专程来给她献吻、献花。在之后的时光里，我多次见证了这种热闹、浪漫、富有情趣的场景，还有的博士牵着娃与家人一起合影留念，温馨极了。我在汉诺威的广场上也见过一个鹅女孩的雕塑，她手持干枯的树枝，面带愁容，显然没有哥廷根的鹅女孩幸福啊。

哥廷根虽是个只有十来万人口的小城市，但她同样也是个著名的"创造知识的城市"，连同2021年最新诺贝尔物理学奖得主克劳斯·哈塞尔曼在内，哥廷根的诺贝尔奖获得者共有46位。哥廷根大学不仅涌现了众多如雷贯耳的大科学家，就连人文社科领域的大咖校友也举不胜举，如大名鼎鼎的俾斯麦、前几年卸任的总理施罗德、哲学家叔本华、诗人海涅、语言学家洪堡、金融巨头摩根都曾是这里的学生。更有很多蜚声世界的有名人士在大学执教、做研究，如写下《灰姑娘》《白雪公主》等童话的格林兄弟就曾是哥廷根大学的教授。有时想想能和他们在同一所大学执教，也许站过同一间教室的讲台，进过同一家咖啡馆，坐过同一把椅子，不由得会生出些自豪感来。之前没能理解"一个大学中有一个城市"的内涵，如今有了深切的体会。整个哥廷根城到处都是大学的机构和部门，路上总有背着大书包的大学生骑车匆匆而过，可以说大学生们无所不在：街边的酒吧里、花坛边的长椅上、植物园里的水池边、绿茵茵的草坪上。他们或者独自一人安静地看书沉思，或是几个人聚在一起激烈地讨论一个课题，抑或是一起嬉笑玩闹，给高斯和韦伯的雕塑上塞进一个酒瓶子。南京大学的刘康老师曾说："在古老而充满活力的城市居住，我常常感受到生命被拉长了许多。""这些思想家、科学家，跟高斯、韦伯一道，如今都长眠在哥廷根校园的公园墓地里。每天都有大学师生欢声笑语，热烈讨论，围坐在公园草坪的墓碑旁，伴随着先贤，与他们随时随地对话。这也是让我感觉生命被拉长的另一个情境。"我深以为然。

不过，哥廷根的历史再辉煌悠久，文化底蕴再深厚，风景再优美，环境再惬意，也抵不过工作中的收获感所带来的愉悦与兴奋。所以，接下来的篇章，主要谈谈我亲爱的、温文儒雅的同事们和可爱的、朝气蓬勃的学生们。

合作教学，互相提携，共同提升

哥廷根大学孔子学院是一所学术孔子学院，其工作重心是促进德国地区汉语教学专业化、定期举办师资培训、协助大学完善汉语师范类专业发展、邀请知名学者举办学术讲座等。老师的教学任务则主要在东亚所完成。

哥廷根大学东亚所的汉语教学历史悠久，曾因历史原因暂停过一段时间，2009年开始重新招收汉学专业学生，2011年成为德国首所招收汉语师范专业学生的学校。经过十多年的不断探索、改进、完善，这里的汉语教学逐渐形成了一套行之有效的教学模式。

来德国的第二天我就去了东亚所，和语言教学主管倪老师见了面，我了解到我们的教学采用一种合作教学的模式。以大学一年级汉学专业和汉语师范专业学生的教学为例，学生们分为4个平行班，每周的课时量为10课时，配备了9位老师（其中一位是教学主管），大家共用一本教材。其中，一位德国教师上语法课；三位教学经验比较丰富的老师上生词、课文讲解课；两名年轻一些的新手老师上听说训练课；另外还配了两名志愿者老师上作业辅导课。基本教学结构是这样的：大课（语法）—小课1（生词、课文）—小课2（听说训练）—课外辅导（作业讲解）。

老师们收到的课表，不仅有一般课表的时间、地点的安排，还有内容、所用材料以及作业等的具体规定。比如，周一语法课的教学内容是：课本语法、句型结构、虚词的讲解与练习。周二、周三的生词课文课的内容是：汉字、生词与对话讲解练习；前四周注重语音练习；第五周后注重口语练习，以及难写汉字练习。周四、周五语音课的内容是：完成练习册听说练习及课文一阅读练习；借鉴大考口试形式，设计类似课堂任务；在学期结束前，做好学生口试练习登记工作。因此，虽然是9位老师一起上一门课，但每位老师的教学任务一清二楚，大家都很清楚各自的教学内容，教学节奏有条不紊。

哥廷根大学的汉语教学虽然在内容上做了明确的安排，但对老师们的教学形式是宽容、自由、开放的，大家完全可以根据自己的语言能力、教育背景，采用自己最得心应手的教学方法。因此，老师们的教学形式是多种多样的，大家可以充分自由发挥、自由设计。可以多语种上课，也可以采用沉浸式教学法，单一语种上课；可以重视讲解、注重听说训练，也可以借助游戏活动，利用图片、多媒体等设施进行教学。丰富的教学行为对学生学习兴趣的培养和学习能力的提高无疑有很大的帮助。

我对这种合作教学模式挺感兴趣的，因为在国内，基本上都是老师独自承担一门课程，很少有多名老师共同进行如此紧密的合作教学。因此，我做了个访谈，大家可以看看老师们是如何评价合作教学的。

一、平衡教师资源，促进教学公平

倪老师认为，教师构成成分复杂，合作教学及平行班设置可以使师资分配平衡，促进教学公平。她说："有的老师有扎实的专业背景和丰富的教学经验，上起课来游刃有余，但有的新手老师的课会不太让人放心，所以不同的课我们就安排不同的老师，避免出现一个班比较弱的情况。"

从当时的合作团队来看，有中、德教师，有熟手老师、新手老师，有男老师、女老师，有当地的长期老师、刚来不久的老师等。不同教师在教学上存在差异性和互补性，大家通过互相学习、反思探讨，可以改变教师的教学态度、提高教师的教学能力和合作能力。

二、学生受惠，体验多种教学方式

在合作教学模式中，学生可以接触到不同的老师，获得多种多样的教学方法，听到不一样的口音。这使学生更贴近真实语言环境，增强适应性。谢老师说："我觉得最大的好处是在学生，学生可以有不一样的刺激，不一样的老师、不一样的口音、不一样的教学方式对他们来说是很好的，确保如果这个老师的方式不适合他，他还有别的机会。"

我们发现，德国学生很有个性，他们各自的喜好完全不同，对老师的要求也各不相同。面对这样的学生，可能就需要百花齐放的教学方式，以符合不同学生的需求。

三、收集材料，资源共享

通常在开学之前，课程管理负责老师就会将相关教学资料上传到网上，这主要有以前老师讲课的教案或制作的 PPT、测试题、复习练习题，还有活动方案等。

杨老师说："资料我都看，当然会看，然后斟酌是否合乎我班的情形，学生喜不喜欢那样的风格。就算没有用，也可以是我自己另创东西的一个蓝本，可以参考。我觉得是非常有用的，等于大家把智慧摊开来放在那儿，可以互相观摩去用，这样很棒。"

这些资料都是大家合作精心准备的，给老师们的课前准备带来很大的便利，是很好的教学参考资料。同时，这也形成了很好的良性循环，后来者享受了前人的教学成果，也会乐于分享自己的教学经验和心得。

四、便于教师快速适应环境，进入角色

合作教学有助于新来的老师了解德国学生的学习情况，通过参考公共平台上其他教师的资料，可以发现学生的难点和易错点，容易找到问题所在，继而有针对性地备课。

黄老师说："我看到其他老师开发出来的东西，就会知道原来德国学生的问题在这里，会比较快速地进入角色。如果没有老师告诉我他们为什么做这些针对性练习，只靠自己慢慢观察的话，会需要很长时间，可能一两个学期。"

从访谈来看，大家是比较认可这种教学模式的，这较好地解决了师资问题，相对实现教育公平，也有助于教师的专业发展。大家互帮互助，在交流、商讨中也拉近了距离，同事之间的关系更加和睦、融洽，老师们甚至可以将这种关系延伸到课后。

还记得倪老师给我当过数次司机以照顾我这个无车族。她第一次带我去的是施耐德教授家。按传统惯例，施教授和夫人李老师每年开学初都会邀请东亚所的老师们去他家聚餐。教授是吃素的，可是他可以为来宾们烤出美味的猪排和牛排，当然也有土豆什么的。孔子学院外方院长顾安达教授是德语区汉语教学协会会长，致力于使德国的教育系统接纳汉语，使汉语获得和其他欧洲语言同等的地位。顾教授带着我和一名年轻的老师参加在爱尔兰都柏林大学举办的第二届欧洲汉语教学协会国际研讨会时，一路上给我们当导游，并介绍学汉语的德国学生的特点。第一次见到王燕，她身穿红衣，就像一只红色的燕子轻快地落在我的办公室。她性格活泼开朗、乐于助人，当我遇到了困难，首先想着求助的就是她了。孔子学院中方院长张凯老师为我的讲座忙前忙后，精心安排策划，每一个小细节都力求完美。与我在教学上合作最多的王韦杰老师，在我临行前亲自做了大餐款待我，那种味蕾产生的快感让我至今难忘。

今天来场辩论吧

我在教学中发现，德国学生喜欢通过活动进行学习，通过完成任务，他们能获得更深的学习印象，被动地听讲对他们来说不是一个好的教学模式。因此我的课堂中，凡是学生能够自己做的，就放手让他们自己做，多设计实用且具交际性的任务，给每一位学生提供平等的学习和交流机会，创造真实的交际语境。其中有个活动是在课堂上举办辩论赛，课堂气氛和效果都还不错。

我们学完了一个关于"环保"的话题后，我就开始布置任务了，宣布要举办一场辩论赛。首先我们要讨论出一个辩题，以下是同学们七嘴八舌提出的辩题：

1. 为了环保应不应该停止吃肉？
2. 新年该不该放烟花？
3. 限号出行的利与弊。
4. 超市物品需要包装吗？
5. 环保是个人的责任，还是国家的责任？
6. 核能是否是环保的能源？

7. 为了环保是否应限制生育？

8. 应不应该保护动物的多样性？

9. 是否应大力发展有机食物？

10. 未来越来越美好，还是越来越糟糕？

11. 我们应该重视经济发展，还是重视环境保护？

12. 技术发展的利和弊。

13. 我们应该坐飞机旅行吗？

14. 如果我们死了，地球仍然会有未来吗？

经过投票，最终决定5号是辩题："环保是个人的责任，还是国家的责任？"接着学生自愿分成正方和反方两组，多出来的一名学生是主席，她的任务是评判辩论结果。第三步我宣讲了辩论的规则。第四步我提供给学生一个视频链接，里面是一些辩论比赛的视频内容，要求学生们课后学习。

经过一周的准备，辩论比赛正式开始。双方的一辩显然都做了较为充分的准备，一开始就亮明自己方的观点，观点明确、有理有据，甚至还有数据支撑。自由辩论环节尤其精彩，大家针锋相对，你来我往，设计问题"挖坑"让对方回答，运用大量反问句来质疑对方的观点，大大超过了规定的时间。最后主席的点评也很出彩，比较中肯地评价了双方的表现。在自评环节，有的同学承认对手言之有理，因为环保既是个人的责任，同时也是国家政府的责任，这样的辩论非常有意思。

正方认为，国家政府推出的环保政策，人们要是不认可、不遵守，甚至抗议、游行，那么并不能取得好的效果。有时候自下而上效果就不错，人人做好自己，推及他人，环境就会有所改善。人们只要有环保意识，就会有环保行为。反方则认为国家政府的力量比较大，办法也比较多，可以通过法律的形式推行相关政策，也可以进行国际间合作，通过教育、宣传环境问题。只有依靠政府才能系统解决污水、雾霾等重大问题，才能很好地推行垃圾分类等相关环保政策。

学生们所举的例子不仅仅局限于德国，他们还关注到了巴西砍伐热带雨林、印度恒河被大量投放垃圾、俄罗斯私人企业假公济私不愿改善工厂设备、挪威的水力发电等多个国家的多类问题，可见同学们准备得比较充分，视野也比较开阔。

不少德国学生不愧是环保达人，他们的一些观点令人耳目一新，很有启发性。比如，有个学生谈到去超市购买肉类和牛奶类产品时，她会选择买快要到期的商品，她解释说这不仅仅是因为那是打折商品，有价格方面的考虑，更多的是出于环保方面的考虑，如果再不购买，商品过期了，无法食用了，那就会造成浪费。购买二手衣服也是个很不错的举措，又简单又环保。另外，很多同学都有自制洗发水、护肤品的经历，尽量利用身边的材料制作物品以减少垃圾。有的同学甚至建议冬天在家的时候多穿衣服，少开暖气。他们深知，能源的耗竭是无法再生的，节省能源早已成为每个学生的共识。一场辩论赛下来，学生们给我上了一堂环保课。赛后，大家高兴地告诉我：哥廷根的空气清洁指数全国最高。显然，大家的努力是有回报的。

让歌声唱进课堂

如果我们问学生的爱好是什么，那么几乎百分之百的学生都会说自己爱听音乐，所以我就考虑：为什么不将学生的爱好融入到我们的课堂中去呢？是否可以将唱中文歌曲作为课堂教学内容的一个有机组成部分呢？是否无论初、中、高年级都可以适用这种方式呢？我将这些考虑付诸实践中，事实证明效果还是不错的。在我从德国回国半年后的一个夜晚，突然收到了一个学生的微信，他附上一段同学们正在唱《茉莉花》的视频，并答应我说："等会儿唱《恭喜恭喜》。"

零基础的学生开始学习汉语的第一、二周的教学内容通常是语音学习，语音学习非常重要，是帮助学生解决听和说的问题的。如果一开始基础没有打好，很容易产生"化石化"现象，到了后期要纠音，难度就比较大。可是，如果不断要求学生模拟发一些不知道意义的音，学生就会很容易感到枯燥、疲倦。所以在进行语音训练的时候，最好能加入一些有意义的语音材料。在学完声母、韵母、声调之后，我就将《茉莉花》的歌词作为听写材料，要求学生写下听到的音节，确保学生们拼写正确后就可以开始唱了：

好一朵美丽的茉莉花／芬芳美丽满枝丫／又香又白人人夸／让我来将你摘下／送给别人家／茉莉花啊茉莉花。

歌曲意思浅显易懂，旋律优美，也很容易学唱。学生们刚学汉语不久，就能唱中文歌曲了，成就感满满。

转眼就要过新年了，我们的语音听写材料是《恭喜恭喜》：

每条大街小巷/每个人的嘴里/见面第一句话/就是恭喜恭喜/……

学完了这首歌，学生们见到我就问我要红包，我也的确给他们准备了红包，红包的内容是请同学们互送祝福语。

2019年底，武汉新冠肺炎疫情暴发，全世界的目光都投向武汉，德国埃森（Essen）伯乐高级文理中学学生合唱中文歌《让世界充满爱》为武汉加油，我在网上看到这个温暖的视频，也将该视频播放给我们班的同学看，并一起学唱：

轻轻地捧着你的脸/为你把眼泪擦干/这颗心永远属于你/告诉我不再孤单/……真心地为你祝愿/祝愿你幸福平安/……

唱完这首歌，班里有两个女生主动比画手指，献出爱心，非常真诚，我的内心是感动的。爱、音乐，拉近了人们的距离。

到了中高级，中文歌曲歌词不仅是语音训练的听写材料，也可以是阅读材料，并且可以作为讨论的话题。当我们学习了"教育"的话题，比较东西方教育的不同特点时，我们就听一听周杰伦的《听妈妈的话》：

为什么要听妈妈的话/……为什么我跑得比别人快 飞得比别人高/……温暖的食谱在她心里面/有空就多多握握她的手/把手牵着一起梦游/听妈妈的话 别让她受伤/想快快长大 才能保护她/……我知道你未来的路 但妈比我更清楚/……妈妈织给你的毛衣 你要好好地收着/……

欣赏了周杰伦的歌曲《听妈妈的话》，我们就可以针对以下话题展开讨论：

1. 妈妈为儿子做了什么？
2. 儿子要为妈妈做什么？

3. 为什么要听妈妈的话?

4. 你的父母希望你跑得比别人快,飞得比别人高吗?

5. 你会对妈妈的话唯命是从吗?

6. 你同意"妈妈比我更清楚我未来的路"吗?

最后一次上课,要与同学们告别之时,难免是伤感不舍的,我与他们一起听了一首朴树的《生如夏花》。我将重点想跟他们分享的歌词用不同的颜色标记出来:"我从远方赶来恰巧你们也在/……不虚此行啊/不虚此行啊……"同时也告诉同学们"这是一个多美丽又遗憾的世界/……一路春光啊/一路荆棘啊/惊鸿一般短暂/如夏花一样绚烂"。就是这样,我想用歌声来表达我的情感,跨过山和海与大家相遇是件非常美好的事情,同时也祝愿学生们拥有灿烂的前程。

结语

寒来暑往,四时流转,樱花谢了,铁线莲开了,落叶铺满了地面,植物园里的蜡梅吐出了新蕊。当我在哥廷根的古城墙上漫步、在街中心的 Cron & Lanz 甜品店里品尝蛋糕、在山坡上欣赏落日的余晖、在街头小巷深处寻访名人故居、在校园的七君子塑像前留影、在和同学们开心地谈笑、在学期结束后和同事们一起聚餐之时,时光也在悄悄地挪动脚步。如今,我已回国,因为新冠肺炎疫情的影响,原本打算来中国留学的大三学生只能留在德国继续学习,东亚所的老师就有些人手不够了。所以,当他们发出邀请,希望我能继续给学生们网络授课时,我欣然接受了。因为,在我的心里,也想一直与他们保持着联系。

作者简介

何一薇,女,北京外国语大学副教授。曾赴韩国、丹麦、日本、德国等国家的大学任教,曾赴阿根廷、智利、意大利、马来西亚等国家培训当地汉语教师汉语教学法,推广 HSK 考试。

"老师，不能继续学习汉语我感到很伤悲"
——德式严谨和深情

荀佳月

"缘分"是个浪漫的词汇，它是豁然开朗的那一刻攀上眼角眉梢的笑意，有着不可言喻的美妙。八年，我与德国纽伦堡—埃尔兰根孔子学院算得上缘分匪浅：2007—2008年，研二的实习任务是在这所孔院完成的；2009—2010年，毕业后的第一年是在这里度过的；2012—2016年，同样在这里，收获了身兼大学主讲教师和孔院教学主管的历练；2018—2020年，第四次来到纽伦堡—埃尔兰根孔子学院，在之前教学工作的基础上，接受全新挑战——单独负责一个处于拓展期的合作教学点，以及为汉语师范专业的德国学生开设教学法强化课程。

提到巴伐利亚州第二大城市纽伦堡，浮现在人们脑海中的是：双子教堂、圣诞市场、国际玩具展……这些名胜古迹、悠远历史、现代发展当然引人入胜，但撼动我的却是旅人们知之甚少的物品和故事，比如传统的锡制新婚酒杯，比如小香肠的传说。这些背后隐含的德国人的严谨和深情，我在当地八年的工作和生活中也深有体会。

语言教学

一、关于语音教学

如果拍一部名为《当德国学生遇到汉语拼音》的电影，那么固定桥段如下：

老师：请跟我读，jīnnián	老师：请跟我读，chā
学生：jǐnnián	学生：chā
老师：jīn	老师：很好，下面，chá
学生：jīn	学生：chā
老师：nián	老师：1声，chā；2声，chá
学生：nián	学生：chā，chā
老师：jīnnián	老师+学生：😣😣😣😣
学生：jǐnnián	
老师+学生：😣😣😣😣	

  汉语的声调对于德国学生极具挑战，虽然他们的身边不乏音调的存在：与一声相近的是牙医检查时要求病人发出的"啊——"声；与二声相似的是一般疑问句的末尾句调，如"Gehst du nach Hause?"；寻求对方认同时会强化疑问词"oder?"的发音，这个发音有三声的影子；小孩子在发脾气时的"Nein!"，短促、强势下降与四声类似。但这些只是感性认识，并不规范、准确，如果仅仅将此作为指导，学生当然觉得轻松、简单，但也就形成了我们常说的"洋腔洋调"。

  除了声调之外，德国学生学习语音的难点还有声母 j/q/x/z/c/s/zh/ch/sh/r，在本土教材中最多的练习方式是汉德对比，以《开始》这套教材中的 z/c/s 为例："z 的发音类似于德语中 d 和 z 的混合，比如 Jodsalz"，"c 的发音类似于德语中音节开端的 z，比如 Zeit"，"s 的发音类似于德语中的 ß，比如 weiß"。这样的对比可以帮助学生快速找到发音的感觉，但也存在着偏差。

  因此，在借助比较的方法帮助学生形成感性认识，找到发音的基本感觉之后，还是要对汉语拼音进行细致打磨。这应该是慢慢积累、循序渐进的过程，绝不能要求一蹴而就。根据我个人的教学经验，最有效的方式为：在导入部分或者第一课安排"汉语语音概览"，以汉德对比的方式，展示声、韵、调、音节、拼音规则等基础知识，以使学生形成对汉语语音的基本认识，在之后的课程中，每一节课都用 10—15 分钟分重点地操练。

不同于中小学生，成人学生没有那种极强的模仿能力，在他们的汉语语音系统形成阶段，尤其面对凡事爱问"为什么"的德国学生时，老师的"医生"角色甚是鲜明，我们必须找出他们的问题所在并提出解决方案。在学生发音和老师纠正之后，必要的步骤是解释"为什么我要纠正你的这个发音"，比如这个词语是二声和四声的搭配，二声没有上去的时候四声就下去了；或者在发 q 这个音的时候，没有气出来，所以变成了 j。在解释的过程中，杜绝使用晦涩的专业词汇，要用学生能够听懂的、形象的方式指出问题所在，然后让学生配合老师的示范和手势（指导四声时使用）进行模仿。这是迄今为止我在的大学及孔院成人课程中使用过最为行之有效的教学方法。

二、关于汉字教学

汉字教学在德国两极分化非常严重，大学汉学系以及将汉语作为高考科目的中学对汉字学习非常重视，要求也很高。但在其他教学环境，比如大学语言中心、中小学兴趣班等，对于汉字的要求不高或者根本没有要求。

在与孔子学院合作前，纽伦堡大学和纽伦堡技术大学语言中心的汉语选修课对汉字是不做任何要求的。与孔子学院合作后，我和同事们一起为汉字制定了教学要求。这也得到了纽伦堡大学语言中心主任的大力支持，他认为大学语言中心的汉语课程绝对不能轻视汉字。

培养交际能力始终是语言教学核心，但课时有限，学生主业压力重，因此规定认读和书写的汉字数量有限，在考试中占比较低。我在进行初级班汉字教学时，会参考本土汉语教学的方法，在第一、二节课中对汉字进行总体介绍，让学生对汉字相关知识有总体上的了解，接着在之后的每节课中穿插具体汉字介绍及书写练习。虽然环境受限，但是汉字绝不可以在汉语教学中"失声"。

我在德国进行汉语教学最大的感受是：德国学生热爱思考以及逻辑推理，与被动地接受知识传授相比，他们对自己发现规律更感兴趣。因此在教学中，我会尽量设置引导式问题，帮助学生自己发现规律，特别是初学者。比如根据老师的发音发现标调顺序产生的原则，根据例子发现"不"的变调规则，或者根据例句的对比发现一般疑问句的句子结构和"不"的位置，等等。学生希望借助老师的讲解和分析，根据获得的知识，建立起自己独有的"汉语学习体系"。

"较真"的德国人

一、"较真"的德国学生

德国学生的较真我在课堂上可是领略过不止一二了。这和德语严谨的结构紧密相关。无论是名词的性、数、格，还是动词的变位，都极其细致，每一个语法现象都有明确的规定，特别是关于时态：现在时、现在完成时、过去时、过去完成时、第一将来时、第二将来时、将来完成时，甚至还有在将来时中表示过去这样的时态，以及在过去时中表达将来这样的时态，这些都是通过严格的动词变位实现的。

这就导致了学生在学习汉语语法时渴望严格的规定，我经常碰到的问题是："总是这样吗？"他们希望能够作为规律总结下来。比如"的"的使用，虽然我们也给出了必须取消和必须使用的情况，但对于可以保留也可以取消的情况，学生在最开始时往往不太容易接受。对于德语来说，使用和不使用是会改变句子意思或者说话者态度的。对于使用和不使用不产生任何改变的情况，学生需要去适应。

另外，他们回答问题的"较真"有时也让我哭笑不得。初级阶段学习"爱＋动词"时，根据图片提问："你爱吃火锅吗？你爱喝咖啡吗？"有些学生会很纠结而无法回答，因为"冬天的时候爱吃，夏天的时候不太爱吃"，"有时候爱喝，有时候不爱喝"。或者学习"每天"时的提问："你每天几点起床？"也会让有些学生陷入思考困境："我每天起床的时间不同。"虽然只需要练习基本词汇，但是个别学生会坚持用德语把实际情况说清楚，这种对真实的"忠诚守护"真是非常可爱。

二、认真的德语老师

在大学语言中心学习德语的时候，遇到的一位德语老师也让我深深感叹他的认真。因为报名产生的误解，我写了邮件给这位老师，在为我没有充分了解规则道歉后，我对他邮件的语气表示不满，认为他是不够礼貌的。这位老师非常认真地回复了我的质疑，在解释的过程中，我们互相通了很多封邮件。这位老师对我们来往的每一封邮件都进行了评论，从语法、语体和语用角度分析我产生误解的原因，同时指正了我德语表达中不妥当的地方，最后他把这些邮件和评论打印出来，课后交给了我。

三、艺术品保护地窖的导览长者

在艺术品保护地窖也发生过一件让我很有感触的事情，导览是一位70岁左右的长者，导览中有一段内容是看录像，介绍盟军轰炸纽伦堡采用的方法：炸毁窄巷两边的住宅，用残垣断瓦堵住窄巷，让消防车无法进入。在那样的情境中，有些游客会自然地说一句："啊！好残忍！"那位长者很冷静地说了一句话，让我印象特别深刻，她说："是德军首先对其他国家采用这种轰炸方法的。"听不出任何情绪，只是冷静地陈述，让我深受触动。相对于情感，更加尊重事实，这是我对部分德国人最深的印象。

德国人的"较真"，对事实和逻辑的极致追求，有时让我哭笑不得，有时又让我深深地尊敬和感动。虽然偶尔会觉得他们冷冰冰的，但是，相处久后会很安心，会愿意信赖他们。这些对我产生的影响，是要求自己时刻为言行负责，特别是文章中出现的数据、论点都该是有出处和依据的，是经得住推敲的。

"绝对理智"下的炽热情感

不仅是汉语教师，任何领域的从业者都在不懈追求工作的深层意义和价值，这也是我不断思考的问题。我时常会想：把汉语知识准确、有效地传达给学生，帮助学生提高使用汉语的技能，就是这份工作的唯一价值吗？

在德国工作期间，与学生之间的三个小故事引发了我更深的思考：

一、"老师，我想介绍中国的支付体系。"

大学经济系的汉语课作为选修课很受欢迎，但也仅限于初级班。越来越多的学生想要在中国进行"海外学期"，"生存汉语"和对中国的初步了解是他们最需要的，从中国回来，他们的"冒险之旅"也就结束了。汉语老师在其中发挥的作用仅限于教授语言和基本文化吗？2019年下半年的一个小插曲让我对这个问题有了更深的认识。一位曾经在初级班学习的经济系学生找到我，请我为她做毕业论文的辅助指导，因为她想要研究"中国的支付体系"。我在课堂上关于"中国支付体系"的介绍激发了她的研究兴趣。这个请求让我很感动，虽然教学和日常工作很多，我还是答应为她提供辅助指导。尼采曾如此表述："我们的眼睛就是我们的监狱，我们的目光所及之处就是监狱的围墙。"如果可以帮助学生将目光拓展到更远的地方，并为他们的专业研究提供新的思路和灵感，真是非常有意义的事情。

二、"老师，不能继续学习汉语，我很伤悲。"和"老师，我想当面告诉你！"

我所在的教学点之一是纽伦堡应用技术大学，汉语课只是语言中心提供的非学分兴趣课程。对于学业和实习任务都很重的学生而言，每周4个课时的汉语课，能够坚持一个学期是很不容易的事情。有些学生从实验室直接赶过来，有些学生背着沉重的摄影器材来到教室，还有学生在高强度的公司实习后，风尘仆仆来上课。因此，我根据学生的需求和兴趣持续调整教学方案，以激发和保持学生的学习热情，让他们在汉语课上得到充足的滋养，让他们付出的时间产生充分的价值。让我欣慰的是，虽然没有考勤制度，但大多数学生整个学期都能坚持来上课。我印象最深刻的是两个学生，其中一个因为要去英国留学而不能继续参加汉语课程，他专门给我发了用汉语编辑的信息："老师，不能继续学习汉语，我很伤悲。"另外一个学生的专业是电影制作，他因为跟随导师带领的团队去德国各地采风，所以最后几次课程没有参加。在课程后的聚餐中，他虽然有拍摄任务在身，还是匆匆赶来又离去，只为当面向我解释最后的课程没有参加的原因，以及送上一盒表示感谢的巧克力。我一直记得他真诚的眼神："老师，我想当面向你解释没有参加最后几次课程的原因，不想让您误解我不重视汉语课。"这样直接而真诚的表达让我非常感动，如果我的课程除了教授知识外，还可以触发学生真挚、深沉的情感，那么我会感到非常充实和自豪。

三、"这个世界会好吗？"

梁漱溟先生的晚年口述集《这个世界会好吗？》是最高的精神追问之一，但我从未设想过会收到来自学生同样的德语问题："Wird die Welt besser?"这是一位在德国学习的匈牙利学生提出来的。一次汉语课上，我放了电影《我不是药神》，课后他留下来问了我这个问题。我当时非常震惊，从未想过自己有一天会成为被提问的人。但学生接下来的解释让我豁然开朗，他希望中国的智慧能够开阔他的视野，无论是中国的传统文化，还是现代发展历程，他希望能从中获得更多的启发。而作为他的汉语老师，我是他唯一能够直接对话的中国人。虽然我远没有资格和能力回答这个问题，但是至少在汉语课上讲授的知识，为学生提供了一个新的可能性和角度，帮助他追寻这个问题的答案。

与学生碰撞和交流的不只是语言，更是以语言为中介的文化，这有时还会让我们产生精神上的共鸣。通过在工作中和学生发生的一个个小插曲，我认识到，我所追求的价值和意义，正如苏格拉底的那句名言："教育不是注满容器，而是点燃火焰。（Education is the kindling of a flame, not the filling of a vessel.）"希望我的课程能成为学生燃起心中火焰的一粒火种。

"英雄之旅"——海外工作和个人成长

一、在远方找到心里的答案

24岁第一次来到德国，除了想要检验自己多年的学习成果之外，我还想寻找一个答案：迷茫中，自己的坚持到底是什么？从小到大都是按照家长、学校的指导、要求生活和学习的，从来没有看清过自己内心真正的渴望——我想要成为一个什么样的人？我想要怎样的一种生活？于是我开始往返于中国和德国，实际上是北京和纽伦堡。心中的期盼是：新的环境会让我更有体会吧。这八年来一直怀抱着这样的期待，但渐渐发现，答案不在远方，而在心里。外在环境的改变会带来新的想法，真正的改变还是从心里开始的。做着同样一件事情，自己的态度不同，带来的收获也不同。脚踏实地，一件事一件事地去做，全情投入，用心感受，意义感就会出现。从2007年到2020年，十几年来，我的脚步从未停歇，"一直在路上，一直在寻找"，这就是意义本身。

二、一个人的瓦尔登湖——和自己连接

在国外工作和生活，无法回避的一个话题就是"孤独"，一个人经历工作上的快乐和沮丧，一个人面对迷茫和困难。最开始是很煎熬的，但是随着时间的推移，"孤独"的意义也浮出水面：没有了外界密集的声音，内心的声音渐渐清晰起来了。在亲人和朋友身边时，遇到挫折和困难马上就向身边人倾诉和求助，得到来自外界的安慰和鼓励后才能再次出发。当这一切都需要一个人面对、没有避风港的时候，只能迎风前行，最开始当然是无助和痛苦的，但是，这也是直面生活的唯一姿态。

终于在某一时刻领悟到：动摇、纠结、痛苦都是生命中宝贵的财富，是成长的养料，是自我成型的原因和力量。正如鲁米所说："你以为你是门上的锁，可你却是打开门的钥匙。"因为孤独，不得不自己面对一切，而正因为必须自己面对，才

一步一步打通了和自己的连接，不再单纯依赖外界的支持，而是在内心扎下深深的根，长出结实的藤蔓。

三、运动

在德国工作的这些年，我还培养出了对运动的尊重和热爱，每天上下班穿过公园时都看到跑步的人，在健身房也能看到年龄很大的运动者，可以看到他们身上旺盛的生命力。以前的我很不喜欢运动，但是受到感染也开始运动了，并且热爱上通过锻炼为自己的身体注入能量这种方式。

八年，几千个日日夜夜。站在讲台上的每一分钟，遇到的每一个人，处理的每一件事情，甚至喝过的每一杯咖啡，都是一个个灵动的回忆。文字无法还原它们，但我却可以通过文字向这段时光，向缘分匪浅的德国道一句"再见"！正是身在海外的这些日子，让我清楚地认识到自己对故土和家乡的深刻情感，以及对人间烟火气的渴望。在海外做汉语老师，让我有足够的距离去观察、对比和思考，也让我对中国的语言、文化有了更深的认同和热爱。

谢谢，德国！再见，德国！

作者简介

苟佳月，女，讲师，本科就读于广东外语外贸大学日耳曼语言文学专业（2001—2005年），硕士研究生就读于北京外国语大学中文学院国际汉语教育专业（2006—2009年）。现为孔子学院总部储备于北京外国语大学的专职汉语教师。2007—2008年、2009—2010年、2012—2016年、2018—2020年外派德国纽伦堡—埃尔兰根孔子学院，任汉语教师志愿者及汉语教师，并于2014—2016年担任教学主管。曾承担埃尔兰根—纽伦堡大学经济系语言中心汉语课程（初中级），纽伦堡应用技术大学汉语课程（初级），孔子学院各级别课程（HSK1级至5级）。在国内工作期间，曾任孔子学院总部驻华使节汉语学习班主讲教师（HSK 4.1）。曾为埃尔兰根—纽伦堡大学汉学系汉语师范专业提供教学法强化课程，为纽伦堡及周边四所中文学校教师提供YCT及HSK考试及系列教材使用培训。

我在乌克兰敖德萨教汉语的日子

申凯文

初识敖德萨，初识南师大

金秋九月，褪去夏日的沉闷，风中带来一丝凉意。我们着好秋装，背上行李，踏上了前往乌克兰的班机，进行为期一年的汉语任教实习。

从高空俯瞰东欧大平原上一望无际的田野，仿佛进入了时间之外的净土。窗外的云朵和大地缄默不语，宁静地固定在机舱的窗口，仿佛一张色彩斑斓的油画。金黄和葱绿的平原是地平线的底色，阳光从洁白的云朵中穿透而下，又将这麦田和草地浓墨重彩地映入我的眼帘。

待飞机穿过一块块白玉似的云朵，我们便降落在了乌克兰南方最大的港口城市——敖德萨。这是乌克兰的第二大城市，又被称为"黑海上的一颗明珠"。深邃无垠的大海托举着这一座蕴含着浓浓东欧风情的港口城市，使其恰如一枚贝壳中的珍珠，光彩夺目。这座城市大部分的道路都由一块块青色鹅卵石铺成。街道随处可见东欧宫廷式风格的建筑，以奶白色为主色调，不同的建筑上搭配着不同的色彩，例如庄严厚重的金棕色屋檐、柔和翠绿的墙体、湛蓝透亮的落地式巨窗。乌克兰工匠们极尽奢华之能事地雕刻着这一座城市的一砖一瓦，彰显着斯拉夫人引以为傲的艺术天分和成就，又仿佛在无声地诉说着民族历史的辉煌。

敖德萨，这样一座美丽而充满风情的东欧城市，也是一座被称为"乌克兰英雄"的城市。"瓦良格号"航空母舰的总工程师尤里·伊万诺维奇·马卡罗夫便诞生于此，新中国成立后的第一艘航空母舰"辽宁号"就是由"瓦良格号"改良而来。这样一段特殊的联系使得中国和敖德萨这个滨海城市有了深厚而又独特的缘分。如今，敖德萨已成为中乌两国经济交流的一条重要的纽带。因此，汉语的推广在这座城市有着非常重要的意义。

我任教的地方是乌克兰南方师范大学孔子学院，南师大孔院是敖德萨唯一的一所孔子学院。南师大孔院承接着南师大汉语系的教学任务，是哈尔滨工程大学与乌克兰南方师范大学的合作项目。因此，我们的教学对象大部分是南师大的大学生。但孔院的汉语教学项目不止如此，南师大孔院除了负责南师大的汉语系的教学任务外，同时还与其他院校存在着合作，包括敖德萨的人文大学，以及众多中小学学校和一些汉语教育机构。这些合作院校和机构的汉语教学任务也都由南师大孔院负责。除了汉语教学任务外，南师大孔院一个更为重要的任务便是传播中华文化，南师大孔院每年都在敖德萨举办或承办许多宣传中国文化的活动，也负责着其合作院校的文化宣传活动。南师大孔院在敖德萨当地是传播汉语和中华文化的重要机构。在这样一所孔院之中，我的汉语教学实习经历开始了。

西方？还是东方？

在初识了这座城市和初步了解了我所任教的孔院后，我很快便迎来了第一堂课。我第一堂课的授课对象是南师大汉语系的大四学生。教学主管老师告诉我：这群学生的汉语水平已经非常之高，大部分学生已经考过了 HSK5 级，刚从中国交换回来。我所要做的便是带着学生从 HSK5 级的内容开始向后学习。至于具体的教学内容和进度，则需要我和学生沟通确定。鉴于这种情况，我便为第一堂课设计了一份特殊的 PPT，第一是自我介绍，第二则是介绍汉语在语音词汇和语法上的特点，并设计了几个小游戏。我想借此来增进和学生之间的了解，同时也粗浅地考查一下学生的汉语水平。在想好第一堂课的授课内容后，我依然十分紧张和不安，毕竟这是我第一次面对外国学生。

在我的印象中，欧洲是西方文明的发源地，个人主义和自由主义的摇篮，人们热情奔放，个人主体意识强烈。西方学生那种独立自主、善于表达的性格已经成了我对他们的一种标签式看法。在备课时，我就已经在脑海中"演练"过不止一次，想着如果学生太过积极、太想表达时，应该如何控制课堂纪律，如何把握课堂走向，如果学生主动要求教授的内容和我所准备的内容不一致又将会如何，等等。

出乎意料的是，第一堂课的学生们十分腼腆和安静，对于我设计的内容也都十分配合地跟随，在课堂中既没有表现得过于积极，也没有非常沉闷，他们对课程内容也没有任何的意见，只是安安静静地认真听着，对于我的提问也都认真地回答。在我看来，这群学生非常乖巧和听话。

下课后，正当我准备离开时，几个学生小声地叫住了我，走到我的面前悻悻地说："老师您好！我们非常喜欢您的课，但是，您讲的内容我们已经全部学过了！"这句话对我来说仿佛是晴天霹雳，我十分不好意思地问道："在上课时你们为什么没有告诉老师呢？"学生们非常小声地回答道："上课的时候，我们不好意思告诉你。"

第一堂课就这样结束了，学生们的这些反应和表现给我留下了深刻的印象。在之后的教学过程中，我也渐渐熟悉了学生们的性格，他们远没有我所想的那么"西方"，反而有时更像我们中国这边的学生：时刻对老师保持着尊重，听从老师的安排，不会过于主动地表达自己的观点和看法；同时，集体意识也比较强，不会过于注重个人需求的满足和情感的表达。在这方面，这里的学生似乎更加"东方"。

但是他们的一些行为也同样会让我感到惊讶。例如考试，这里的学生似乎并没有那么重视考试，并不像我们中国学生那样将考试视为一件"大事"。对于中国的学生来说，或许学习的很大一部分原因就在于想要在考试中取得较好的成绩，通过成绩来肯定自己的学习能力，证明自己的努力和付出。而对于乌克兰的学生来说，考试或许只是学习过程中一个简单的测验而已。因此在考试时，这里的学生往往会做出一些出乎我意料的行为。例如成人社会班进行期末考试时，这些学生居然还会互相讨论，甚至会举手示意监考老师过去，询问考卷上的试题应该如何答。这些表现都让我大为震惊，要知道在中国无论什么考试，大部分学生都会严肃认真地对待，对于考试的纪律也会严格地遵守；而对于乌克兰的学生来说，或许考试并没有那么值得认真对待。

除了上课和考试时学生们给我留下了深刻的印象外，这里的作息时间同样让我感到惊讶。在这里，课表的安排是没有午休时间的，也似乎没有午餐时间。中午最后一节课和下午第一节课之间的休息时间与其他课间时间相同，都是二十分钟。起初来到这里时，我对这种时间安排感到十分不解：难道乌克兰的学生都不需要午休和吃午饭吗？这么短的时间是如何做到解决午餐的呢？经过询问后得知，在乌克兰，人们的午餐时间通常是下午两点，中间是没有午休的，乌克兰人也似乎没有午休的概念。因此,学生们很少在中午这一时间段来解决自己的午餐,通常是直接准备下一堂课,等下午上完课后再吃一点东西。学生解释说:通常来说乌克兰的午餐时间是下午两点半,但是人们也没有非常明确而固定的三餐时间,因此在这里可以常常看到,许多餐馆是一直营业的,不像中国的餐馆,午餐过了下午一点或两点基本上就会关门了,而晚餐则一定要在四点或者五点后才会营业。在这一点上,乌克兰又显得非常"西方"。

特别而又难以察觉的洋腔洋调

除了教授大学生汉语外,我同时还负责了两个社会班的教学任务。所谓社会班,便是孔院开放给社会人员的班级,无论是孩童还是成人,只要对汉语感兴趣都能来社会班学习。社会班的学员大多是三十岁以上的成年人,同时也有小学或是中学的青少年,他们是零基础的汉语学习者,因此需要从最基础的拼音开始进行教学。不得不说,乌克兰学习者在汉语发音上还是比较好的,无论是成年人还是儿童,在认读拼音时大多能够较为正确地发音,基本上不需要花费太多的时间来进行纠正。因此我便非常迅速地完结了语音部分的教学,开始进行综合课的讲解。

但经过一段时间后,我慢慢发现学生的发音水平似乎有一些下降了,声调的问题是最容易察觉的,有时学生在拼读词语时往往会忘记正确的声调,在这时我便会带着学生重新拼读一遍词语。另一个逐渐显现但又有点难以察觉的问题是,随着拼读词语的增多,许多学生在元音和辅音的认读上反而出现了更多的偏误。有些偏误是比较难发现的,一些学生会把某些词语含混地读过去,乍一听似乎没有太大的问题,可细细辨认便能发现其中的偏误。例如有一部分学生在发辅音b、d、k的时候总是比较用力,听起来仿佛很有"磁性"。在学习过一段时间的俄语后,我才明白这些学生在发音时会不自觉地将汉语中的清辅音发成浊辅音,例如把清辅音的b、d、k发成浊辅音,因此听起来发音比较用力,发音位置也比较靠后。这是因为在俄语的语音系统中存在着辅音上的清浊对立,并且对应得非常工整。例如存在着清音和浊音的b、d、k两组辅音,有时候学生在发音时不会注意到这个问题,便不自觉地将汉语中的清辅音发成了浊辅音。但是这一问题也不是特别严重,在稍加提醒后,学生便能将浊辅音发成正确的清辅音,这是俄语母语者学习汉语时一个较为独特的偏误。

除此之外，对于乌克兰学生来说比较难发的元音是 ü，许多学生起初都掌握不到发 ü 的要领。一些教师告诉学生发 ü 时可以先发 i 的音，然后慢慢滑到 u 的音。对于母语为中文的我们来说，i 向 u 靠近时，我们会自然地将 ü 带入进去，但是这一方法对乌克兰学生来说并不太有效。ü 在乌克兰语和俄语中都不存在，学习者很难发出这一音，即使尝试从 i 向 u 滑动发音，学习者读出来的仍然是 i 和 u 的和音，而不是 ü。通过舌面元音发音图我们便可以知道，ü 是由 i 变换口型发音而来，由不圆唇变为圆唇，知道了这一点之后，再来教授学生便有办法了。因此，我便用图片和夸张发音的演示方法向学生解释唇形圆展的变换，经过一段时间的练习，学生对这一元音的掌握程度果然提高了不少。

对学生来说，另一组较为困难的音则是舌面元音 j、q、x，在俄语和乌克兰语中同样也没有这样的辅音。因此对于这样的辅音，我们只能采取简单的图示法和手势法，用图展示舌头的位置或是用手比画模拟舌面的位置和发音成阻的地方，并不断听学生发音，帮他们纠正，直到学生记住正确的发音技巧。

除了语音之外，乌克兰的汉语初学者在语法上同样也存在着一定的偏误。乌克兰语与俄语的语法结构和中文存在着较大的差异，刚接触汉语的学习者在组词造句时往往还会受到乌克兰语或俄语的影响。乌克兰语和俄语的语法关系主要由各种"格"来体现，依靠着"格关系"来组织整个句子。因此在句子中，语序对句子语法的制约作用并不大，但是对于汉语来说，表达语法关系的主要方式便是语序和虚词。在我的初级社会班上，一个近40岁的大叔十分努力和用功，每周需要坐火车从另一个城市来上课，来回大约需要三个小时。这位大叔非常喜欢用汉语来表达和交流，但是由于水平层级相对较低，母语对其影响较大，这位大叔所造的句子往往语序混乱，没有章法，听起来十分费劲。这一问题不仅出现在低年级的学生身上，即使是在高年级，语序上的问题同样存在。在大四班上也会有学生造出这样的句子——"我去中国和朋友在夏天。"时间状语或地点状语的位置问题一直是偏误的"重灾区"，不论是高年级学生，还是低年级的学生，有时都会犯这样的错误，例如许多学生会造这样的句子——"我吃早餐在家里""我们学习在中国""我和朋友游泳在昨天"等。毫无疑问，这样的偏误很大程度上受到了学生母语的影响。因此，当学生出现这样的偏误时，我们要加以提醒和纠正，使学生逐渐习惯于中文的表达方式，减少母语的影响。

什么样的中国

南师大除了汉语教学之外，还会举行许许多多类型丰富的文化活动，旨在传播中国文化。例如每年都会在市中心花园里举办的中国文化节活动，或是一年一度的"汉语桥""春之声"等各式各样的汉语才艺比赛。这些活动一方面有利于中国文化在乌克兰的传播，另一方面也有利于我们了解乌克兰民众对中国的看法。

在每个班级的第一堂课上，我都会尝试询问学生们学习汉语的原因，也会问学生："你觉得中国是一个怎么样的国家？"不同的人也会有不同的看法，对于社会班上的许多学生来说，学习汉语大多数都是因为工作上的考虑，他们认为学习汉语将会十分有助于自己现在的工作，或是认为学习汉语对自己未来的工作是十分有帮助的。例如那位坐火车来上课的大叔，他就说自己曾经去过广州，自己的生意和中国有着密不可分的联系，因此无论如何也需要学好中文。在这群学生的眼中，中国是一个经济上的"巨人"，是一个不可忽视的存在，由于中乌间经贸合作的联系，学习汉语的确存在着较为广阔的前景。

对于其他大学班级中的学生来说，中国又是怎么样的呢？从"汉语桥"的才艺表演展示上，我们或许可以看出中国在不同学生心目中的形象。一些学生身着汉服表演舞蹈，或是弹奏古筝，对于他们来说，中国是古典而迷人的。另一些学生则抱起吉他弹唱起了中国的流行歌曲，对于他们来说，中国同样也是现代的，充满着流行文化因素。也有学生画起了毛主席的画像，也许对于她来说，最令她喜欢和钦佩的不是舞台上的明星，而是"指点江山，激扬文字"的伟人。还有一些学生似乎误解了中国文化，表演起了韩国的跆拳道。然而最让我眼前一亮的还是我自己辅导的学生，她表演的是马头琴独奏，在她的理解中，中国不是一个单调的国家，而是充满着多元性和文化多样性的国家，是一个有着鲜明地域文化特色的国家。悠扬的马头琴琴声一下子便俘获了评委老师们的心，让她获得了第一名的成绩。

的确，中国是多元并且多样的，也是不断发展变化的。就如"一千个人眼中有一千个哈姆雷特"一般,不同的人看中国也会有不同的想法和体验。大四班的学生对于中国的看法相对较为接近真实的中国,而较为初级一点的班级的同学对于中国的了解则较为片面。例如在初级班的授课过程之中,当教授到"鸡、鸭、鱼、猫、狗"等动物词的时候,一些学生会满脸疑惑地看着我,问道:"中国人吃狗和猫吗?"这时作为汉语教师也许不能简单地肯定或是否认,也不能选择忽视,如何较好地回答这一问题是很考验汉语教师的水平和能力的。这时我会简单地进行解释,并且借由解释的契机向学生教授一两个新词,例如解释道:"中国是一个很大的国家,有一些地方的人吃狗肉,但是这是一个地方的习惯和文化。"借此便可拓展"习惯"和"文化"这两个词语。大四班的学生因为已经来过中国一年,所以他们对中国的印象或许更为真实和具体。例如大四班的一个学生就曾对我说,她第一次来中国的时候,就希望在中国简简单单地生活,只是读书、旅行,不对任何人任何事而动心,因为她害怕离开这里的时候会因为舍不得这里的一切而加倍思念。然而当毕业回国的日子逐渐临近的时候,她却不由得悲从中来,开始对中国的一切恋恋不舍。她开始回忆起无微不至地关照她、指导她的老师们,开始回忆起那些曾经分享快乐、共同进步的同学们,开始回忆起了学校旁的小吃街,开始回忆起了夕阳下的学校操场,也回忆起了第一次入校时宿管阿姨亲切的问候。国与国之间的距离并不会是文化交流间的障碍,心与心之间的触动能够打破山水的阻隔和文化的差异,拉近两个民族间的心理距离。也正因如此,汉语教师们肩负着教授汉语和传播文化这两方面的使命,如果学生们对于中国的印象是单色调的,那么就由我们来为这幅单调的"画作"附上绚丽的颜色;如果中国已经成为了他们的第二个故乡,那么我们的存在也会告诉他们:中国始终离你如此之近,一直在你们的身边。

结语

时间过得很快,当再一次坐在客机上俯瞰乌克兰这片可爱的大地时,已经是和她告别的时刻了。那一望无际的田野、油墨般金黄翠绿的景色刻印在我的脑海中,让我久久不能忘却,还有这片土地上的人、这片土地上发生的事,都仿佛幻灯片一般地在我眼前"唰唰"划过。想要说些什么,却已没有了可以聆听的人;想要再听到些什么,却也没有了向我诉说的人,机舱里的我只有缄默无言地望着窗外的天空。

一年的时间，足够让我用一生去回忆，在这片土地上我认识了许许多多的人，也做了一些小小的事。收获的有学生们的笑脸和感谢，也有来自老师们的温情关切和指教；有素未谋面的陌生人的温暖，也有志愿者同伴们的激励和关照。这一年的实习经历中，我收获的不仅仅是教学上的提升，更多的是在异国他乡的土地上发生的那一些感人的故事。这一段经历是非同寻常的，只有在这片土地上生活过、工作过，与这里的人交流过才能体会到。敖德萨仿佛已经成为我的第二个故乡，这里的青砖白瓦、鹅卵石道路、东欧宫廷式的建筑都变得如此亲切可爱，这里的老婆婆、老奶奶和街角胖胖的猫都成了我最难忘的记忆。

作者简介

申凯文，男，北京语言大学汉语国际教育专业在读博士研究生。四川大学文学与新闻学院汉语国际教育专业硕士。2018—2019 年在四川大学海外教育学院兼职任教，2019—2020 年在乌克兰南方师范大学孔子学院做汉语教师志愿者。

比利时教学随笔

胡鹏程

比利时是西欧的一个小国，与英、法、德等历史上的强国相邻，素有"西欧十字路口"之称。我与比利时第一次结缘还是多年前在一款叫《帝国全面战争》的游戏里。在完成"普鲁士一统欧洲的大业"时，我常常"率先出动普军攻占如今的比利时地区"。没想到，数年后比利时竟成了我国际汉语教师生涯中的最后一个站点。

礼仪与文化

如果受邀去当地人家中做客，我们是需要准备礼物准时到场的。礼物无须贵重，二十欧以内即可。且无论礼物贵贱，比利时人接过后都会当面打开，笑容灿烂地表示感谢与喜欢。

有一次受邀做客，主人热情地向我介绍了比利时啤酒、薯条和列日的大肉丸子等特色食物。酒足饭饱后，一壶茶端了上来。我凑近一看，竟然是中国的白毫银针。宛见仙娥天上降，亭亭玉立水中央。还有一次做客，大家凑一起玩桌牌游戏，我留意到室内背景音乐竟然是中文DJ舞曲，就好奇地问："你们平时会听中文歌吗？"他们笑笑，说是特意为我准备的。我才明白，比利时人待人接物，会如此细心周到。

称赞一个人身后的文化，往往比直接赞美其人更能深入人心。后来，与比利时同事吃饭，我再也不说法国薯条（French Fries）。我只会叫："小二，上两斤比利时薯条（Belgian Fries）！"当地同事听后，会心一笑，投来赞许的目光。（比利时与法国在竞争薯条的原产国地位。）

比利时的啤酒种类繁多、品质优良，比利时人也深为自己悠久的酿酒文化而自豪。只是在敬比利时人酒时，有一点需特别注意：必须直视对方的眼睛，否则传说会带来噩运。比利时人还忌讳从搭在路边的梯子下走过，传说也会带来噩运。

语言与态度

比利时法语区的人热爱法语，却不热爱法国人。课间，我曾跟学生聊起，在中国有一个段子，讲如何成为一名百万富翁——只要你一直坚持买国足输。学生说，在比利时也有一个段子，讲如何成为一名百万富翁——只要你以真实价格买下一个法国人，再以他自以为值得的价格卖掉。全班哄笑。平时偶尔提到一句法国人，也会引发学生哄笑。听说比利时荷兰语区的人，也经常调侃荷兰人，不知真假。

都德的《最后一课》中说，法语是世界上最美的语言。因此，初来乍到的中国人难免就此客套几句。然而，我发现，至少比利时法语区的人似乎不受此种言语的撩拨。又有传闻说，法语人士自恃法语高贵，难以接受其他语言。请教过当地人后得知，比利时有三种官方语言，人人都有学习其他语言的必要，不会囿于自己的母语。有趣的是，现实中常是比利时德语区、荷语区的人会说法语，而法语区的人并不会说德语或荷兰语。有些人就把法语区如今经济的低迷归咎于语言能力的不足，于是，家长们也普遍开始重视孩子其他语言能力的培养。我所执教的HEC商学院就开设有各种语言的课程，培养模式像极了北外"外语+专业"的做法。学院内墙上，有用世界各种语言写成的"经济"，就跟北外图书馆外墙上有用各种语言写成的"图书馆"一样。

与传说中西方学生的活泼好动相反，列日学生在学习语言的过程中表现得十分腼腆羞涩。如果教师不积极引导，学生们十之八九会陷入沉默，教室则沦为教师的"一言堂"。中国人吐槽我们学习英语常陷入"哑巴式英语"的窠臼，神奇的是，比利时人也是这么吐槽本国的外语教学的。为了克服这一点，我参考"扇贝听力"的学习模式，在每节课中都设置了听写环节，将重点句型反复诵读给学生听，帮助其提高对汉语的感知能力，并有意识地引导学生用每节课中学到的生词新句介绍身边的真实情况，让学生拥有更多的"输出"机会。

汉字的教学，也是中文学习中的一个难点。为了帮助学生克服畏难情绪，我常从偏旁部首讲起，再讲结构分类，然后布置一些书写练习。我宽慰学生说：汉字的偏旁部首好比西方语言中的词根词缀，都有相应的含义，只要掌握常用的偏旁部首，汉字的学习也没有那么困难。比如，"三点水"就代表液体，"江、河、湖、海"

都与水有关，所以都有"三点水"。口字旁表示与嘴有关，"吃、喝"都要用到嘴巴，所以也都有口字旁。这时，水平较高的学生就站了出来："老师，老师，'沙子'的'沙'呢？'滚蛋'的'滚'呢？老师，老师，'听写'的'听'呢？"我赶忙摆手解释道："凡事都有特例嘛。"机智地捍卫住师道尊严。

拼音 ü 的读音，对很多国家的学生来说，也是一个难点。我见过不少学生使劲将嘴唇撮成吻型，也只能发出 u 的读音。可比利时的学生读起 ü 来，一个比一个标准，我简直喜出望外。后来了解到，原来法语中也有此类读音。这就是语言习得中的正迁移现象吧。

一个人在看合影时一定会最先注意自己，一个国家在印制世界地图时一定会将本国置于中心。这种以自我为中心的视角，不知不觉间会影响我们对事物的观察与思考。挥别国际汉语教学生涯已经快满一年了，回想起这段时光，我特别感谢曾经有这样一个平台与机会，让我能站在不同的土地、触碰不同的文明，学会用不同的视角、平和的心态去观察和理解同一片蓝天下不同事物的演化运行。《中庸》有云："万物并育而不相害，道并行而不相悖。"

作者简介

胡鹏程，男，2013 年毕业于广西师范大学汉语国际教育硕士专业。2013—2020 年，在北京外国语大学孔子学院工作处任专职汉语教师。2018—2020 年，被北外派往比利时列日孔子学院工作，为期两年。工作期间，酷爱摄影，为孔院师生拍摄了不少照片。所拍照片，在 2019 年孔子学院总部举办的"我和我的孔院故事"征集大赛中获摄影类三等奖，在 2021 年中文联盟举办的"联合国中文日摄影、视频作品征集大赛"中获摄影组二等奖。

白俄罗斯明斯克的"汉语"缘

曹 晨

初识白俄罗斯

白俄罗斯对于很多中国人来说是陌生的。这个面积仅有20多万平方公里的国家，曾经是苏联的加盟共和国，那时它被淹没在苏联2240余万平方公里的国土里。伏尔加河、莫斯科的红场、圣彼得堡的冬宫、喀山的大教堂、古老的基辅、盛产琥珀的加里宁格勒，苏联可圈可点的实在太多了，但是白俄罗斯在哪里？

回溯历史，苏联打响卫国战争第一枪的布列斯特要塞就在白俄罗斯的西部，至今依然可以在要塞红色砖墙的弹孔中寻到二战的踪迹。占据欧洲重要地理位置的白俄罗斯，自古以来就是兵家必争之地。

2009年10月，我告别了学习两年的徐州师范大学，来到了白俄罗斯的戈梅利国立大学继续努力学习俄语，后来一路完成了本科、硕士学业，又在白俄罗斯的最高学府白俄罗斯国立大学完成了博士的学习，并在2014—2015学年度获得了国家优秀自费留学生奖学金。这个奖学金是国家留学基金委评定的，全球评选500人，在白俄罗斯选3位。这对于我这个身在异乡的学生来说是一份来自祖国的认可和鼓励，我非常珍惜。在学习过程中我也结识了很多的朋友：我和叙利亚的阿里一起健身，了解了他们的军旅文化以及他们对和平的渴望；和土库曼斯坦的鲁斯朗一起跳舞，领略了他们的团结；和印度的伊利斯一起练瑜伽，听他讲湿婆的传说；和乌克兰的瓦季姆绘画，了解了基辅罗斯的悠久文化；和波兰的卡尔一起做早餐，听听他们的祖先与俄国沙皇的爱恨情仇；当然还有朝夕相处的白俄罗斯人，带给我仪式感和他们最爱的民族饮食——土豆饼，这同样让人印象深刻……这些经历让我感慨和兴奋，世界很大，人类的文化是如此丰富多元。读博期间，我还勤工俭学，成为了一名海外志愿者老师，在被誉为"白俄罗斯外交官摇篮"的白俄罗斯国立大学的国际关系系任教，时常也会受大使馆委托为来访的代表团做翻译，其中就包括了习近平主席2015年赴白俄罗斯的国事访问，这些工作一次次锻炼着我、磨砺着我，也让我获得了在国内很难拥有的宝贵经历。所以在我心中，白俄罗斯就像我的第二故乡，专业的白俄罗斯老师、善良的白俄罗斯人民、共同在白求学的海外留学生朋友们，还有优秀的中国同胞们教育了我、丰富了我、完善了我、成就了我，所以对于白俄罗斯这个地方我有说不尽的爱。

白俄罗斯的教学时间安排和中国的几乎一样，7—8月是暑假，9月开学，只是1月份会有2周左右的寒假，相比国内略少一些。

我第一次来到白俄罗斯的时候正值秋季，这个国家给我的第一个印象便是空气清新，真的是每吸一口都像是把肺洗了一遍，难怪当地的老留学生常常开玩笑说："这里的空气是可以出口的。"

城市被森林和田地点缀，道路两旁挺立着成片的白桦树。白桦树的树干是白色的，而叶子是金黄的，配上松林、湖泊、黑土地，直接带你进入童话世界。如果有个当地朋友，一定要让他找个时间带你去采蘑菇，因为用自己采到的新鲜蘑菇炖汤，那味道可以让你记一辈子。

然而跨过金秋，11月开始，白俄罗斯便会进入漫长的冬季，之所以说漫长，是因为这冬天往往伴随着厚厚的云。如果从天空俯瞰，眼前只有三种颜色：灰色的是天空，黑色的是森林，白色的是覆盖在大地上的皑皑白雪。这样的状态往往会一直持续到来年的5月份。白俄罗斯与俄罗斯的气候差不多，寒冷的冬天造就了男性的刚毅，也造就了女性的温柔。这里孕育了无数杰出的思想家、科学家，也培养了艺术家和诗人。托尔斯泰、门捷列夫、肖斯塔科维奇、普希金，不同时代的俄罗斯名人和白俄罗斯也都有着联系，毕竟当时沙皇专门修了一条从圣彼得堡一直到欧洲的公路，以方便他和家人南下视察和度假，而诸如绘画大师夏加尔、学者斯卡林纳、诗人杨卡·库帕拉等更是白俄罗斯人的骄傲。

而到了夏天，在白俄罗斯最美好的季节，大街上到处是身着连衣裙的美丽姑娘们，也有挺拔健硕的小伙子。大爷大妈会相约去公园的广场上跳跳交谊舞，仿佛要抓住一切可能去享受阳光，拥抱微风。无论是人们还是动植物，都沉醉在这生机勃勃与欢欣鼓舞之中。

就是这样一个地方，就是这样一群人，我们因俄语结缘，因共事而相知，因互相了解而彼此难忘。

学汉语是认真的

白俄罗斯国立大学共和国汉学孔子学院成立于 2006 年 6 月，是白俄罗斯的第一所孔院，也是我作为海外汉语志愿者曾经服务过的地方。现任院长阿纳托利·托济克教授是中国的老朋友，2006—2011 年曾任白俄罗斯驻华大使，卸任回国后又担任白俄罗斯副总理兼中白经贸政府间合作委员会白方主席；2016 年起，任共和国汉学孔院院长。

第一次见托济克先生是在 2014 年，在时任故宫博物院院长单霁翔先生带领代表团访白的时候，中国驻白俄罗斯使馆安排我给他们做翻译，托济克先生对中国来的客人非常热情。他说过："当今世界，人们需要彼此沟通和了解，正是通过语言学习，白俄罗斯人得以更好地了解中国，了解中国的历史文化和今天取得的成就。中国越强大，地球越安宁，对此我深信不疑。我相信，在并不安定的当今世界，需要一个强大的中国。"

白俄罗斯人对学习汉语是认真的，2016 年，白俄罗斯已有 6 所中学将汉语作为必修科目，有几十所中学将汉语作为选修科目。白教育部希望，今后每个州都有多所重点中学将汉语作为必修科目。我的教汉语的经历大约是在 2011 年，因为经常作为他们的汉俄翻译参加当地政府和高校组织的活动，认识了不少本地朋友，他们中的很多人经常问我关于中国的问题，比如我们的针灸、中医药，比如我们的风水学，还有无数的"中国制造"。但是当时白俄罗斯能够学习汉语的地方并不多，只有首都明斯克才有汉语教研室，在第二大城市戈梅利仅有一个汉语班，而且当地人对此所知甚少。于是，开办汉语沙龙的想法就在我的脑海里应运而生。说干就干，我专门回中国买了几本对外汉语教材，然后借用学校的空教室，开始了我的免费汉语课堂。来上课的也都是我的朋友，因为是兴趣沙龙的形式，我重点介绍的是他们感兴趣的中国文化和中国现在的样子。

本地人为什么要学汉语？我想是因为他们对东方的这个古国有太多的好奇，因为不管你是否愿意，周围使用的产品很多都是中国制造。我记得我在戈梅利的百货大楼精挑细选了一个保温杯，结果一看竟然是中国上海制造的。除此之外，周围的中国留学生和中资企业也越来越多，白俄罗斯的产品有很多也销售到中国，加上中国政府提供的来华留学生奖学金，还有"嫁给一个中国男人你会很幸福"这样的传说，种种因素让本地人学习汉语的氛围越来越好。当然也会遇到很多"不客气"的问题：

"中国制造的产品，质量为什么不好？"

"你来白俄罗斯是不是因为我们的姑娘漂亮？"

"中国人有和我们一样的衣服和鞋子穿吗？"

"你们是不是每天要戴着大草帽去田里种大米？"

"你们的大熊猫有人养着做宠物吗？"

"中国政府对你们好吗？你们有自由吗？"

"为什么中国政府欺负越南渔民？"

"你们是不是都会功夫？"

这些问题都是我或者我的朋友在白俄罗斯被问到过的，当然不同时期被问到的问题也会不同，大部分问我问题的人都是善意的，所以我就根据我的理解，和他们分享我的看法。比如，东西有便宜点的，质量可能就不太好，贵点的质量就好一些，所以建议他们购买质量好的中国产品。对于他们对中国的一些误解，我也会客观地向他们介绍真实的情况，帮助他们了解真正的中国。有条件的，我还会推荐他们来中国旅旅游，亲眼看看现在的中国是什么样子的，我想世界上的人们都希望自己可以生活得更好，没有人喜欢冲突，而解决冲突最好的方式我想就是相互了解。学习语言，可以从不同的视角去认识世界，让白俄罗斯人用汉语告诉中国人他们的心声，让外国人可以通过汉字了解中国媒体的想法，可以通过对话了解他们身边中国人的想法。我想，这样可以帮助我们更好地彼此理解，这也是我认为的语言教学的重要意义，即融通彼此。

教学相长

教学相长，学生的收获自然不必说，但我觉得作为老师的我收获可能更大，因为我不仅可以在备课的过程中学习到很多，在教学的过程里也会有很多意外收获。比如，本地人说汉语会还原出俄语思维表述，这对我学习、理解俄语就大有帮助。

一次书法课上，我的学生说："老师，你画的汉字真好看！"我抬起头笑了，要是一个中国人说咱写字像"画"的，我大概第一反应就是："没事儿干来这儿损我呢。"这可不是什么夸奖，但是显而易见，在俄语母语者眼里，我们这些中国朋友的"美术"都不错。除了"美术"好，他们认为我们唱歌也不错，因为汉语的四声有抑扬顿挫，所以他们听我们说话像是在"唱歌"一样。而且就连审美也有很大的不同，一次太极拳公开课课间，一位洋娃娃一样的小姑娘过来跟我说："晨，你真是太美了！"我顿时有点不好意思，毕竟在中国从来没被小姑娘这样直接表白过，而紧接着她的话又让我大跌眼镜："你皮肤这么黑，眼睛这么小，我真是太喜欢了，白俄罗斯人的眼睛都很大，你就很特别……"是的，这也是我在白俄罗斯的一大优势，毕竟无时无刻我身上都散发着"异域风情"。

学习俄语的人知道，俄语有42个音位、5个元音音位、37个辅音音位，大多数辅音清浊相对，每个词都有重音，且词形变化丰富。汉语则完全不同，汉语一度被认为是不可能学会的语言，在本地人头脑中，如果听不懂一个人说的话，或者什么事情很难做好，他们就会说："你在讲中国话吗？"或是说："做这件事情好比是学中文。"

我在白俄罗斯教过初级班、中级班和高级班，无论哪个阶段的班都会有问题。对此，我的态度是欢迎问题。遇到问题，解决问题，没有问题才是最大的问题，因为那意味着我们停滞不前了。

有学生问：有的汉字有多个读音，而且有的字还有音变，比如"一心一意"，为什么两个"一"的读音不一样？于是，我就开始画表，给他们介绍音变的规则并举例："'一'在单念、在词句末尾和作序数时，读原调阴平55，比如，长短不一、一、二、三，第一层等；后一个连续音节是去声时，读阳平35，比如，一件、一律；后一个连续音节是阴平、阳平、上声时，读去声51，比如，一同、一板一眼等。"

汉语里同一个音可以是很多不同的汉字，这也给学生造成了很大的困扰，比如：家人——佳人，和尚——河上，神器——神气，这就需要教导学生结合上下文去理解词义。我们的声调和汉字确实都是让我的白俄罗斯学生头疼的，有人问我："老师，我能不能只学拼音，能交流就可以了？或者说知道音节就可以了，声调可以不发标准？"于是我便在课上和他们分享了赵元任先生用 94 个字写的《施氏食狮史》："石（shí）室（shì）诗（shī）士（shì）施（shī）氏（shì），嗜（shì）狮（shī），誓（shì）食（shí）十（shí）狮（shī）……（石头屋子里有一个诗人姓施，喜欢吃狮子，发誓要吃掉十头狮子……）"由此开始了掌握汉语音调和汉字的重要性的宣讲，之后学生们感慨："音调和汉字，真是缺一不可啊！"

区别于其他外语为母语的学习者，语序概念对于俄语为母语的学生来说是一定要强调的。由于词法规则的要求，一个俄语单词包含了多个语法意义，比如"家"是дом，"回家"俄语说возвращаться домой。"我回家"说Я возвращаюсь домой。"我走路回家"Я пешком возвращаюсь домой，"我乘交通工具回家"Я на общественном транспорте возвращаюсь домой。而这里由于俄语动词的"格"的变化，在句子中的"我"是完全可以省略的，俄语的语序也是自由的，也就是说，"我""回""家"这三个元素可以任意排列。所以汉语的语序问题一定得提醒学生，不然"我爱你"到俄语母语的学习者嘴里，就可能会变成"爱我你""爱你我""你爱我""我你爱"等各种版本。

通过 6 年多的在白对外汉语教学，我觉得对于俄语母语者来说，适应汉语声调需要一个过程。学生往往会受到母语影响形成偏误，因为俄语语音体系里没有送气音，所以俄语母语者经常把送气音读成不送气音，比如把"菠菜"读成"泼菜"。有一个去波兰留学的学生就把"波兰人"说成了"破烂人"，让人脑子一蒙，一时间竟不知如何解读。

除此之外，汉语的清浊辅音并不是一一对应的，所以他们很容易把b、d、g、zh、ch、sh、r 读成浊音。而 zh、ch、sh、r 与俄语的 [чж][ч][ш][ж] 发音相似，他们也容易受到母语的影响发成舌尖音。另外，如同我们学习俄语时会遇到汉语中没有的大舌音 [p] 一样，汉语里的 ü[y] 在俄语的音素里也没有，所以很多学生会用相似的俄语字母 ю 的音来代替。这些都是发音的细节，需要挨个练。于是，每堂语音课上的必修项目就是 10 分钟左右的不同音节的四声发声朗读，我认为这是基本功，宁愿进度慢一点，也一定要让学生把每个音发标准了。

当然，还有受俄语语流影响可能出现的问题。因为在语流中，一些学生往往会不由自主地用母语的语调代替汉语的声调。比如，俄语在列举的时候往往前几个是升调，最后一个词语降调，到了汉语中要格外注意，比如"我暑假期间看了书，游了泳，睡了觉，打了球"可能被读成"我在暑假期间读了'熟'，游了'用'，睡了'脚'，打了qiù"。所以除了课前的音节读音练习，我也会选择一些与他们水平对应的文章，让学生朗读，以帮助他们练习语流中的汉字发音。

在元音的发音上也有需要注意的。比如，会有学生在发双元音的过程中遇到困难，因为俄语中没有复韵母。他们会在读"shuo 和 shou"或者"zuo 和 zou"的时候出现偏误。遇到这些问题的时候可以立刻指出来，一般两到三次学生就可以分辨出来了。

还有断句和调值发得是否到位也是需要关注的。为此，我用了赵元任先生发明的"五度标音法"，图文并茂，加上演练和示范，得到了学生们的积极反馈，取得了良好的教学效果。每学期我还会教同学们3首歌曲，一来是提高兴趣，二来也是丰富课堂学习成果。当课间或者节日的时候，其他班级的老师和学生听到我的学生们一起唱汉语歌时，往往都是眼前一亮，而且时常伴随着渴望和憧憬。

我的学生达利亚有副好嗓子，有次专门录了《如果明天就是下一生》这首歌发给我，我把这个视频也上传到了我的视频账号分享给大家，从点击量看，起码也有个小几千人欣赏过了。直到今天，我还会时不时地打开这些视频看一看，因为视频中有老师对学生的期望，有学生对老师的信任，有教师这份职业的光荣，有"人类命运共同体"的呼吸。

文化共融

白俄罗斯和国内有5小时的时差，在白俄罗斯生活久了，不由自主地会和远在徐州的亲人们分享自己在白俄罗斯的见闻。毕竟对于白俄罗斯人来说我有"异域风情"，而对于我的家人们来说，我天天也是在看"西洋景"，喝着"洋墨水"，自然也会有很多比较。

身在海外，我无时无刻不在思念我的祖国、我的家人。"家国情怀"也自然而然地成为我经常关注的话题。记得在探讨家庭文化的时候，易中天教授讲到过："古代中国人的家以谁为核心组成呢？礼法上是'父'家长制，所以皇帝是古代中国人民的爸爸，所有的人和物都是皇帝的私有财产。但在情感上是由母亲主宰，所以中国人都有'恋母'情结。因为母亲就是哺育，就是给予。所以女儿出嫁后只有娘家、婆家，没有爹家、公家之言。我们也只讲母校、母亲河，把祖国叫母亲。那么兄弟姐妹就是次于母子关系的亲密关系了，因为兄弟姐妹就是一起吃奶的人，中国人为了显示亲密就称兄道弟。"

那么白俄罗斯人呢？俄语里"父母"这样的文化符号代表着什么呢？身处斯拉夫文化环境下的我，脑子里本能地翻译出俄语的表述，结果发现原来俄语里的祖国、祖辈都是以"父亲"为词根而构成的。这让我不由地想进一步对比俄语文化和汉语文化。

先从信仰层面看，基督教认为上帝是万物之父。"不要称呼任何人为你在地上的父亲，因为你有一个在天上的父亲。"（马太福音23：8-9）在东正教[①]教堂里，神职人员几乎都是男性。有时出于尊重，信众对教会雇员、杰出的神学家和其他教会领袖会在广义上称为"神父"。

而我们看中国的神话，造人的是女娲娘娘，《山海经·大荒西经》："有神十人，名曰女娲之肠，化为神，处栗广之野，横道而处。"（东晋郭璞注："女娲，古神女而帝者，人面蛇身，一日中七十变。"）《说文解字》："娲，古之神圣女，化万物者也。"

再从语言层面来看，普希金的名句："有两种感情，我们绝不陌生，我们的心灵从中汲取养分：一是对祖辈故居的爱，二是对祖辈墓地的爱。（Два чувства дивно близки нам — В них обретаем сердце пищу: Любовь к родному пепелищу, Любовь к отеческим гробам.）"从诗句中的"祖辈故居（родному пепелищу）"和"祖辈墓地（отеческим гробам）"就可以看到"父亲（отец）"这个词根。

除了"祖国""祖辈"这样的词语外，俄语名字和汉语名字的构成也不一样。我叫曹晨，爸爸姓曹，妈妈姓陈，我是早晨生的，又是辰年生的，所以家里人给我起了曹晨这个名字。但是要是把我放到白俄罗斯，我的名字就不是曹晨了，而是"晨·东伟维奇·曹"。是的，白俄罗斯人有"名"、有"姓"，还有"父称"，"父称"

---

① 东正教为白俄罗斯最主要的宗教。白俄罗斯有一千多座东正教教堂和修道院，且数量每年都在增加。许多名胜古迹和建筑景点都反映了白俄罗斯东正教的传统。

就是父亲的名，换句话说就是告诉别人你爸爸是谁。而如果生活在白俄罗斯，母亲的姓也不能是原来的了，因为出嫁以后的姑娘需要随丈夫姓氏，也就是说母亲也需要改姓"曹"。这和20世纪50年代之前的中国很像，甚至直到现在，中国香港的很多女性姓名仍然是在娘家姓氏的前边加上了丈夫的姓氏。

白俄罗斯人的社会角色分工在语言系统上也有显现，又或者应该说是俄语造就了白俄罗斯人的社会性格。俄语中的名词有阳性、中性、阴性，可俄语对语序并没有严格要求，但是因为俄语对词尾的要求严格，所以我们可以分辨出句子的发出者是什么时间做什么事情，有的时候甚至能分辨出句子主体的"公母"来。

从文化层面来看，在白俄罗斯家庭生活中，性别不同，角色任务也不同。大学期间，我在宿舍里补伞，用到针线，我的室友伊戈尔回来以后就很不解地问我："晨，你为什么不找中国女生或者白俄罗斯女生帮你补？"在白俄罗斯人的心目中，女性都会做针线活、烤面包、煮饭、做家务，而男性都会建房子、种树、做水电工什么的。这里也有例外，在夏天的时候，白俄罗斯人喜欢在湖边或者森林里烧烤，但是烧烤的"主烤官"往往是男性，想来是白俄罗斯人把打猎、烧烤这个传统延续到了现在吧。

所谓"战斗民族"的灵魂是融入本地人的骨子里的。父亲在休闲的时候会带着孩子们到田野里、树林中、水塘边……像夏季的皮划艇、钓鱼、网龙虾，冬季的滑雪、打猎，都是白俄罗斯的爸爸们带着全家人参与的活动，而母亲则是夏天的时候带着孩子们去林子里摘蓝莓和野果，秋天的时候带他们去采蘑菇。

而传统的中国家庭往往男主外、女主内，司马光《居家杂仪》称："凡为宫室，必辨内外，深宫固门。内外不共井，不共浴堂，不共厕。男治外事，女治内事。男子昼无故不处私室，妇人无故不窥中门。男子夜行以烛。妇人有故出中门，必拥蔽其面。男仆非有缮修及有大故，不入中门。入中门，妇人必避之；不可避，亦必以袖遮其面。女仆无故不出中门，有故出中门，亦必拥蔽其面。"但是当代中国文化包容、开放，这种条条框框也都基本消除了。

总的来说，我在白俄罗斯生活十几年的感受就是，这里的人社会分工明确，对外的时候他们会说"Куда иголка, туда и нитка"，即"针到哪里，线也到哪里"。他们把"针"比作丈夫，把"线"比作妻子，和汉语里的"夫唱妇随"意思类似。但是实际在家的时候经常是"Мужчина — голова, женщина — шея",即"男性是头颅,而女性是脖子"。就是说,虽然是男性去做决定,但是头往哪里转是女性说了算。回顾历史,很多时候,男性征伐四方的目的很有可能只是为了讨好枕边的人。

一方水土养一方人。从信仰到语言、从文化到生活,都可以感受到白俄罗斯文化的特点,"和而不同"才有今天地球的文化繁荣。所以在白俄罗斯的生活也造就了兼具中国和白俄罗斯两种文化符号的我,而如果留意周边学习外语的人,会发现他们也或多或少会带有所学语言国家人的特点:俄国人的勇敢、英国人的绅士、法国人的浪漫、意大利人的洒脱、德国人的严谨、日本人的礼貌……我想这就是文化的融通,就像费孝通先生讲的"各美其美,美人之美,美美与共,天下大同",也希望伴随着语言的学习,人们可以向"天下大同"的社会越走越近。

结语

一段经历源自一个想法,一个选择,一个承诺。2020年11月,我结束了白俄罗斯的工作、生活回到国内,临走前的3个月,我教给了学生们三首歌——《爱是恒久忍耐》《送别》和《如果明天就是下一生》。因为我想传递给我的学生们一些自己的感受:人的生命是神奇的,我们难得有现在的这个人生,要彼此珍惜;人的生命是特别的,每一段时光都有独特的意义,值得我们去体会感悟;人的生命是充满了相逢和离别的,缘起缘灭,循环往复,而每天又是新的一天。

如果明天就是下一生,我会感恩我的祖国和亲人们培养了我,给予了我能力,让我能认识这美好的世界;我会感恩白俄罗斯的老师和朋友们,给了我这样特别又充满包容的异国经历。

家人们,让我们拥抱这个世界!让我们彼此祝福!让我们未来再见!

作者简介

曹晨,江苏师范大学语言科学与艺术学院教师,白俄罗斯国立大学语言学博士。曾任白俄罗斯国立大学国际关系系副教授,中白工业园科创中心投资总监,徐州外事办俄语翻译。2012—2020年,在白俄罗斯国立大学国际关系系及白俄罗斯国立大学共和国孔子学院从事汉语教学工作。

"波兰"壮阔的少儿教学岁月

李新磊

2016年9月始,2019年7月止,近三年的时间里,我在波兰格但斯克大学孔子学院担任中方汉语教师。期间,根据孔院的工作安排,我先后教过多个小学教学点内多个班级的汉语课程,教过的孩子达300余人次。那些孩子的年龄多从五岁到九岁不等,他们活泼可爱,调皮中透着纯真,有着这个年龄段孩子该有的求知欲和好奇心。坐在电脑前写下这些文字时,恰逢我离任回国一年之际。在这样一个颇具纪念意义的时刻,请大家跟随我的文字一起感受波兰少儿汉语教学的点点滴滴,一起走进那段"波兰"壮阔的流金岁月。

克服诸多障碍,与孩子拉近距离

我任教的格但斯克地处波兰北部,是滨海省省会,也是波兰北部最大的城市。生活在这一带的人们,较之于波兰其他地方的人们,性格显得内敛,这一带的孩子也或多或少都带有这样的性格特点。另一方面,这个年龄段的孩子不怎么懂英语,而最初我也不懂波兰语。因此,教这里的孩子学汉语很有挑战性,实际教学中,我也确实遇到了不少障碍。要想上好课,我既要克服语言的障碍,又要充分调动孩子的积极性和主动性,保证每一个孩子都参与到课堂教学中来。

每学期初,各教学点一般都会安排助教,一来帮我维持课堂秩序,二来帮我做课堂翻译。助教对教学开展的正向作用不言而喻,但也会给教学节奏的掌控带来一定的负面影响。而且,有时助教会因各种教学事务或迟到,或早退,或缺席。慢慢地,我意识到,要想更好地开展教学,我必须摆脱对助教的依赖,必须加强跟孩子们的直接有效沟通,必须开始学习波兰语。一方面,我开始学习波兰语,学习字母发音及日常课堂用语;另一方面,我在课前做大量的准备,通过查阅资料熟悉课堂所学词汇的波兰语发音。功夫不负有心人。当学生发现我能说出点波兰语时(难免会有些蹩脚），他们的眼睛都亮了，一个个显得特别兴奋，于是就打开了话匣子问这问那，然后他们慢慢地愿意跟我说这说那，我们的心理距离无形中一点点缩短了，师生互信一点点建立起来了。当然，有时候，他们说的词超出我的学习范围，我会在课后请本地老师帮忙翻译，然后一一解答。

为了克服沟通障碍并充分调动学生，除了学波兰语之外，我着力最多的点就是提炼教学语言、规范活动指令。汉语教学提倡"精讲多练"，我一直在践行这个教学原则。特别是教小孩子时，"精讲多练"显得尤为重要，因为小孩子难以长时间集中注意力，所以我必须用精练的语言把教学要点讲明白，然后通过适当的游戏形式（如"你演我猜""丢手绢""萝卜蹲""传话筒"等）开始大量的练习。那要如何把游戏规则说给孩子听呢？我一般会请班里接受能力强的孩子跟我一起做示范，在示范过程中，精要概括活动规则，并辅以必要的手势。有时候，我也会把核心的指令用语写在白板上，方便孩子们理解。就这样，一点点地，孩子们从不知道要干什么，到知道一点但理解有偏差，再到最后也就能够完全明白活动规则了。在后来的教学中，不管提到哪个游戏，只要我一有相关手势，孩子们就能立即参与进来，他们在活动中复习当堂课所学的内容，既体验到了学汉语的快乐，也有了不小的收获。

在克服了种种障碍后，我和班里的孩子就逐渐地"打"成了一片，后期的教学就越发得心应手了。自然而然地，孩子们学习汉语的动机就更足了，学习汉语的兴趣更浓了，也实现了"父母让我学汉语"到"我自己喜欢学汉语"的跨越。更为难能可贵的是，即使在2019年上半年波兰全国公立中小学教师罢工期间，仍有几个孩子一次不落地到校学习汉语。可见，孩子们有多么地喜欢学习汉语。

正视学生差距，给孩子进步的空间

在波兰，汉语教学尚未进入国民教育体系，因此各小学教学点开设的汉语班多为兴趣班。一般来讲，划分教学班级应以学生的真实汉语水平为依据，但在我任教的各小学，实际操作却并非如此。因为报名学习汉语的孩子往往来自不同的年级，这也就需要教学秘书去协调学生的上课时间。于是，教学秘书便把可用时间一致的孩子编排到一个汉语班，自然也就导致了班内孩子水平、年龄各异的复杂情况。很多时候，一个班里的孩子，有的学过一学年，有的学过一学期，有的则完全是零基础。

那要如何平衡不同孩子的学习需求呢？如何满足不同学习背景孩子的学习欲望呢？这是每个学期初都会面临的问题。在发现问题后，我会第一时间如实反映给孔院，由孔院出面跟教学点沟通。在征得各教学点同意后，我会对所有孩子的水平进行摸底测试，详细记录孩子的汉语学习情况，并以测试成绩为依据给出相应的班级调整建议。但有时由于种种原因，班级调整最终未能实现。

既然校方解决不了，那我就调整自己的教学策略吧。为了尽可能地照顾到班里所有的孩子，我会本着"照顾多数，调动少数，共同进步"的原则，适当地调整教学内容和活动组织形式。首先，在教学内容上，除了教授多数人没学过的新东西外，我会根据教学主题的不同，补充日常生活常用的词汇或者相关的、朗朗上口的歌谣，保证每个孩子都能学到新东西。比如，在学习"苹果""香蕉"等水果类词汇时，我会补充"吃""好吃""甜"等常用、相关的词汇。在学习"猫""狗"等动物类词汇时，我会教孩子们唱儿歌《我爱我的小动物》，不仅让所有孩子都学到了新东西，还活跃了课堂气氛，调动了全班人的积极性，受到了孩子们的一致欢迎。在活动组织形式上，我会特意把汉语水平不同的学生分到一个小组，让程度好的帮助程度低的，一来确保程度好的孩子"有事可做"，二来让程度好的同学在帮助他人的同时，也进一步巩固自己所学的内容，并找到成就感。

班内学生水平差距大，相信这是不少老师都会遇到的问题。如果班级调整无望的话，就需要汉语老师主动面对并积极调整教学，但不管怎么调整，一定要保证所有学生都能学到新东西，都有获得感。有时候，同一水平的孩子在学能上也会有所差异，这就需要老师保持足够的耐心，尝试多样的方法，确保汉语学习之路上一个孩子都不能掉队。

重视汉字教学，带孩子全面学习

汉字教学是整个汉语教学过程必不可少的一部分。在汉字教学上，是"语文并进"，还是"先语后文"，不同的专家、学者持有不同的态度，特别是在非目的语环境下。在波兰，汉字使用范围很有限，学生学会后很难得到有效的应用，但即便如此，汉字教学也必须受到足够的重视。我们无法想象所有学生作业都用拼音书写会有多么糟糕。孩子们若只会说汉语，而不会认读汉字，无异于"文盲"。在海外教学实践中，我个人一直主张，汉语教学要尽可能地做到系统，要对汉字教学给予高度的重视。

很多孩子因为汉字好玩，开始对汉语感兴趣并加入汉语兴趣班。但要真正学起汉字来，不可避免地会产生一些畏难情绪。为了帮助学生克服学习汉字的畏难情绪，我一贯遵循的是由简到繁、由易到难、不贪多求全的汉字教学原则。第一，从"日""月""山""火""马"等象形字、"上""下""一""二""三"等指事字和其他常用的简单汉字入手。这些汉字笔画较少，且有一定的造字规律，会让孩子觉得"有意思"，无形中会减少孩子的记忆负担，进而增强孩子的成就感。第二，汉字教学同样需要多练，因此，我会根据教授汉字的不同，选用不同的活动方式来进行练习。除最传统的听写汉字以外，我常用的活动还有"教室里找汉字""看看谁认的字多""积木成字"等。活动往往会以小组竞赛的形式展开，这样不仅可以寓教于乐，还可以帮助孩子结成"学习共同体"。第三，随着教学的深入，我会循序渐进，由简单的汉字逐步过渡到稍难一些的汉字，会注重挖掘汉字背后的深厚文化内涵，并以小故事的形式绘声绘色地讲给孩子们听，还会教孩子们写自己的中文名字。一学期下来，一个班往往能培养出好些个"汉字迷"，不少孩子下课后还拿着本子追着问我"写得好不好""写得对不对"。在每年的"中国文化进校园"活动中，孔院都会精心组织书法体验项目，一是为了检验汉语兴趣班孩子的汉字书写水平，二是为了给其他更多孩子提供感知中国汉字魅力的机会。

总的来说，我在波兰三年面向少儿的汉字教学取得了一些成绩，但仍有很多地方需要不断完善。怎么更好、更有效率地展示汉字的笔顺，怎么巧妙地用孩子能理解的方式阐释汉字背后的文化内涵，等等，都是我在思考的问题。面向少儿的汉语教学是不分课型的，三年间，我一直贯彻听、说、读、写全面进步的理念，一手抓听说，一手抓读写，两手都抓，两手都硬，只有这样才能真正地培养出精通汉语的学生来。

组织文化活动，使孩子感知中国

"国之交在于民相亲，民相亲在于心相通。"而要做到心相通，则必须重视文化的作用。记得有一次走在校园里,有孩子热情地用日语向我问好,当时我心里真是五味杂陈。那一刻,我深刻意识到传播中国文化要做的还有太多太多,也更坚定了我做好中国文化传播者的信念与决心。

带着传播中华文化的使命感,在任期间,我在孔院本部牵头组织了"萌娃汉语乐园"系列文化活动。"萌娃汉语乐园"主要面向波罗的海三联城(即格但斯克、索波特和格丁尼亚)内的6—12岁的小学生,旨在通过唱歌、跳舞、游戏等一系列丰富多彩的活动,向当地孩子介绍太极拳、民族舞、中国画、中国结、乐器、饮食、影视等中国文化元素,为当地孩子打造一个了解和体验中国文化的绝佳平台。

每一次组织活动前,我们几个负责老师都会反复讨论活动方案,确定活动组织形式,商量选取哪些文化要素。在此,我们以饮食文化为例,回顾那三年组织过的面向少儿的文化活动。中国饮食文化同样博大精深,活动中,我们往往会从"中国菜"这个角度去切入主题。中国菜享誉全球,在波兰也大受喜爱,这从波罗的海三联城一带越来越多的中国餐馆可见一斑。甚至,有不少越南餐馆也打着中餐馆的名义招揽顾客,由此可见,中餐在波兰有多么受欢迎。而要介绍中国美食,饺子自然是绕不开的。其实,波兰有一种叫Pierogi的食物,形状和做法均与中国饺子类似,我们称其为"波兰饺子"。不同的是,"波兰饺子"的皮是拿专用的杯子抠出来的,所以皮较之中国饺子显得有些厚。另外,"波兰饺子"可以说无所不包,除了肉馅儿以外,还有水果馅儿(如草莓馅儿)和奶酪馅儿等。"波兰饺子"历史悠久,有说法认为是马可·波罗从中国带到欧洲后传入波兰的。因此,对于波兰孩子来说,从直观上去认识饺子并不难。那怎么向孩子更好地介绍中国饺子呢?我们首先想到的是从吃饺子的餐具——筷子入手。通过夹豆子、夹花生等有趣的游戏,我们先教孩子学会使用筷子。进而,我们向孩子介绍筷子使用的禁忌,如不能用筷子指人、不能用筷子敲碗、不能将筷子插在饭上面,等等,我们不仅要告诉学生怎么用筷子,还要告诉学生不能怎么用。最后,我们延伸到中国饺子的文化内涵,让学生明白中国人不但很会吃,而且还吃得很有文化。遗憾的是,因为场地等种种客观条件限制,我们未能让孩子亲身体验包饺子。

在组织完文化活动之后,孔院官方及相关老师往往会发照片总结。但这里要提醒的一点是,在波兰,孩子的肖像权是要受到严格保护的,因此如需使用孩子的照片，必须经过孩子本人及其家长的同意，否则会有侵犯孩子肖像权之嫌。有意赴波兰任教的教师和志愿者，一定不能忽视这一点。

一年时间里，我们共组织了12场文化活动，逐步把"萌娃汉语乐园"打造成了格大孔院叫得响的精品文化活动，让更多的孩子有机会去感知中国。不仅如此，我们还把活动打造成了亲子互动平台，不少家长和孩子在参与活动的过程中，体验到了前所未有的乐趣，彼此之间的感情也加深了。还有的家长因为这些文化活动萌生了带孩子到中国旅游的想法。孩子和家长的反馈，让我们倍感幸福，也坚定了我们做好文化交流的脚步！

为了多渠道地让学生更好地了解中国文化，在小学汉语课堂上，我也会主动根据课程内容的需要适时安排一些文化体验活动，比如讲到动物类词汇时，会安排学生动手剪"国宝"大熊猫，让学生体验剪纸的乐趣；讲到颜色类词汇时，我会教大家涂画戏曲脸谱，让学生对中国戏曲文化有所了解。诸如此类，不一而足。

付出总有回报，获孩子广泛好评

一分耕耘，一分收获。在我坚持不懈的努力下，孩子们的汉语水平不断提高。有的孩子已经能站在"校园开放日"的舞台上有模有样地唱《两只老虎》，有的孩子能几乎完美地演唱中国国歌《义勇军进行曲》，有的孩子顺利通过了BCT考试，有的孩子甚至动员身边的朋友也加入到学习汉语的队伍中。在学习汉语的过程中，他们收获了知识，收获了自信，收获了满满的成就感。三年间，当有学生跑过来抱我的时候，当有学生课间趴在走廊地上练习汉字的时候，当有学生透过车窗大声向我说"你好"的时候，当有学生告诉我梦想"去中国留学"的时候，我知道他们已经真正地喜欢上了汉语课，也慢慢爱上了中国这个古老又现代、陌生又熟悉的东方国度，汉语和中国文化"润物细无声"地在他们幼小的心里生根发芽了。

时至今日，我离任回国已一年有余。坐下来，回味那三年"波兰"壮阔的少儿教学时光，感触颇多。那些可爱的孩子呀，感恩相遇，不负期许，一路上，有我，也有你。那段岁月也助力了我的成长，让我取得了一点小小的成绩。值得一提的是，我的教学随笔《走在少儿汉语教学的路上》一文被刊登在《孔子学院》上，并被评为2018年度"优秀孔院人故事"。

经常有人问我是否还愿意到波兰任教，毫无疑问，我的答案是肯定的。我愿意再回到那片我奋斗过的土地，我相信那里的孩子会越发地对中国文化着迷，我期待能和那里的孩子一起努力，再创佳绩。

参考文献

1. 别红樱、黄柏林、王蕾《国际汉语教学：汉字教学方法与技巧》，北京：北京语言大学出版社，2015 年。
2. 李新磊《走在少儿汉语教学的路上》，载《孔子学院》，2019 年第 1 期。

作者简介

李新磊，男，2014 年硕士毕业于北京语言大学语言学及应用语言学专业，2016—2019 年于波兰格但斯克大学孔子学院担任中方汉语教师，现为中国社会科学院大学国际教育学院教师。

"意"见钟情

卜源圆

2016年9月，初次来意大利罗马进行为期一年海外汉语教学实习的我，一定不会想到五年后的今天，自己会在这个永恒之城定居。

时间退回到2014年一次考研宣讲会，还是新闻学专业大三学生的我怀着"出国弘扬中华文化"的满腔热情决定报考北京外国语大学的汉语国际教育硕士。幸运如我，如期实现了"北外梦"。在北外一年的学习和各种实践机会，让我越发喜欢"汉语教师"这个角色，也让我坚定了自己关于汉语国际教育的选择。

"汉语教师"初体验

2016年9月，在通过了国家汉办的汉语教师志愿者选拔考试后，我有幸来到意大利罗马大学孔子学院进行海外汉语教学实习。

罗马孔院本部的汉语课程体系相当完善，从成人到儿童、从零基础到高级别，都开设了相应课程。初来乍到，孔院将两个初级成人班和一个中级成人班分配给了我。虽然有两个相同级别的班级，但备课时我依然还是准备了两份教案。因为这些来孔院学习汉语的意大利人，从中学生到退休老人、从工程师到音乐家都有，他们的学习背景和学习能力都大不相同，学习需求也是各有所异——有的是对汉语非常好奇，有的则是工作需要。

尽管上课之前我已经做了很多准备，但是来到中级班上第一次课的时候，我还是有些"头大"。班上一共六名学生，而他们的年龄差距足足有五十多岁！最年轻的是在罗马大学学习汉语和日语的大学生Giada，最年长的是七十多岁的老奶奶Giuseppina，还有一位六十多岁的老爷爷Giuseppe，其他三个学生年龄三四十岁不等，一个是旅游公司经理Marco，一个是文员Brunella，还有一个是程序员Carlo。为了初步了解他们的汉语水平和学习需求，在做完自我介绍以后，我也让他们用汉语简单地介绍了一下自己。虽然是中级班，可是学生们的口语水平还是非常一般，大都是介绍了姓名、年龄、国籍和爱好，然后，就没有然后了。上完第一堂课，我发现了亟待解决的三个问题：第一是学生们的水平差异非常大，我要想办法在课堂上既让高水平的学生有收获，又让低水平的学生有成就感；第二是学生们都不太愿意开口说汉语，就算是开口，也总是只蹦出几个关键词，而不是完整的句子；第三就是我们上课的时间是晚上六点到八点，学生们大都工作了一天，非常疲惫，课堂上我要想办法增强趣味性，以便持续抓住他们的注意力。

在课堂上，我告诉学生们：开口说汉语不要害羞，也不要害怕说错，学习本来就是一个不断犯错又不断改进的过程。我也希望大家能互帮互助，共同进步。学生们都很喜欢这样轻松、宽容的语言环境。为了让每一个学生都有机会开口练习汉语，课堂上的每一个问题我都尽量给机会让所有的学生回答。稍难的问题，我一般先让水平高的 Giada 和 Marco 回答，他们的回答往往可以给其他学生一个范例。这样一来，其他能力较差的学生一方面可以更好地理解问题，另一方面也有充足的时间来组织他们的语言。而容易的问题，我一般都先给爷爷奶奶回答。一学期下来，学生们的开口率越来越高，有几次 Giuseppina 奶奶还抢着回答问题。

布置作业时，我将作业分成"必做"和"选做"两个部分。选做作业稍难，要是学生们课后有时间和精力，可以试着做一做。让我感动的是，Giuseppe 爷爷每一次都会把两个作业工工整整地写在本子上给我，一次"介绍自己的房间"的选做作业，他还配了自己画的插图！我把这个赏心悦目的作业在课上做了展示，大家都惊异于 Giuseppe 爷爷刚劲的字迹和专业的画功。

课程结束后，学生们给了我 9.8 分的教师评价。他们的坚持和进步也让我这个"新手"教师收获了弥足宝贵的经验。

早到的尴尬

一个学期的课程下来，我跟初级 A 班的一个学生 Paola 成了很好的朋友。一天，她邀请我去她家吃晚饭，我们约好的时间是晚上八点——在意大利、西班牙等南欧国家，午餐和晚餐的时间基本上比国内迟一个小时。

在意大利，去朋友家做客，人们一般会带一瓶红酒、香槟或者一束鲜花、一些甜点这样的小礼物。我知道Paola非常喜欢吃甜点，所以我特意自己做了一些小蛋糕，作为小礼物送给她。虽然我们约好的时间是晚上八点，但是我到得很早，因为想着早些去还可以帮她一起准备晚餐。到了她家楼下，我告诉她我已经到了。谁知，她非常惊讶地说："已经八点了吗？你怎么这么早就到了？你在楼下的咖啡馆坐坐吧。"我顿时有些不开心，但还是去她家周围的商店逛了逛。快八点的时候，我又按响了她家楼下的门铃。过了好一会儿，Paola才打开了门。她笑着跟我解释，刚刚一直在准备晚餐，没有办法好好招待我，所以就没有马上请我进来，更重要的是，十分钟前她还披头散发地穿着睡衣呢！我听了觉得很不好意思，告诉她自己到得这么早只是想给她帮帮忙。

原来，去意大利人家里做客，一般最好迟到五到十分钟左右。一方面，意大利人的时间观念并不像中国人那么强，他们不强调准时。当然，重要的约会或者面试还是需要按时到的。另一方面，按照意大利的待客传统，主人通常会准备一份从开胃菜（一般是凉菜）、第一道（一般是意大利面、烩饭等主食）、第二道（一般是肉类、鱼类等）到甜点的大餐来招待客人。要是客人提前到了，可能会碰上主人正在手忙脚乱地准备或是还穿着家居服的情况——这会让他们非常尴尬。另外，意大利人也不喜欢客人给他们帮忙打下手或是做家务，他们觉得客人只要尽情"享受"主人的招待就好。

后来我回请Paola来我家吃中国大餐，我告诉她，要是她愿意，可以早一些来我家，我们一起做饺子。经过一次愉快的"体验式"中国晚餐后，Paola也"中国化"了，常常邀请我跟她一起准备意大利餐——这样一来二去，我们俩的厨艺和对两个国家饮食文化的了解都增长了不少。

送别的礼物

Martina是我HSK一对一课程的一个学生，她的汉语说得非常流利。我们在课上是师生，在课下是朋友——她刚大学毕业，我们年龄相仿，有许多共同的爱好，每次见面仿佛都有说不完的话。

在快要结束第一年志愿者任期的时候，我跟她道别，也感谢她的陪伴，她让我在异国的第一年拥有了这份难能可贵的友谊。她得知我要回国后，第二天就约我见面，说走之前有礼物要送给我。在意大利，朋友之间收到礼物一般要马上打开，表现收到礼物的惊喜和打开礼物的喜悦也是一个"必备环节"。拿到Martina"沉甸甸"的礼物我也马上打开了，可是一看到礼物我就傻眼了——居然是一个闹钟！当时的我真的震惊了，心想：天啊，她难道不知道这个东西的意思吗？！但是一旁的Martina用充满期待的眼神看着我并用中文问我："怎么样？希望你喜欢这个小小的礼物！"我真的有些哭笑不得，看来她确实不知道这个礼物对于中国人的意思。我努力挤出一个笑容，夸赞她的好眼光——闹钟确实很漂亮。她随后又解释道："这个礼物象征着时间，就像我们过去一起度过的开心时光，我也希望我们的友谊像时间一样永恒，没有尽头。"听了她这番话以后，我湿了眼眶，紧紧地拥抱了她，从心底接受了这个送别的礼物。

同样的一个物品，在不同的文化背景中会被赋予不同的文化含义，我们文化中的"吉祥物"，可能到了别国文化中就成了"邪物"。这个"送钟"事件当然是Martina的无心之举，她不知道在中国的礼仪文化中，送对方钟表是一个文化禁忌。不过话又说回来，如果她是一个完全不会说汉语的意大利人，送出这个礼物我可能不会这么惊讶，但是她的汉语水平已经基本达到了HSK5级，她匮乏的文化知识和她出色的汉语口语非常不相匹配——这也让我这个当老师的感到非常惭愧。我也真正意识到，文化教学在第二语言教学中非常重要，特别是当学习者达到了中高级水平的时候。在后来的汉语教学中，我也循序渐进地在课堂上加入了文化教学和中意文化对比等内容。

结束了在北外的汉语国际教育硕士的学习后，我再次选择申请做汉语教师志愿者，重新回到了意大利罗马孔院。由于当时我已经有了一年的教学经验，再加上自己本身也非常喜欢与孩子们打交道，这一次，罗马孔院将我派到了莱切卡佩切国立高中孔子课堂——位于意大利靴子跟普利亚大区莱切省马利耶这个小城市，这也是意大利南部地区的第一个孔子课堂。

南下之前我内心还是有些忐忑，主要还是因为语言的问题。在罗马，不会说意大利语在生活上不会有很大的障碍，因为人们基本上都会说英语。但是在马利耶这个人口只有一万三千多的小城市，人们在日常生活交流中说的基本上都是方言！

六七个小时的车程后，我拖着两个大行李箱来到了马利耶。我的搭档教师

Giorgia 老师早已来到学校等我。她先带着我熟悉了校园环境，把我介绍给了学校其他老师和主要负责人，然后又带着我去了我在马利耶的新家——这是副校长亲自帮我找的房子，离学校非常近，步行只要五分钟。Giorgia 跟我开玩笑说，以后早上八点的课，我七点五十起床都不会迟到。接着她还细心地告诉我主要的商店、生活超市、银行、药店什么的在哪儿。我内心的不安以及对这个小城市的陌生感随着 Giorgia 耐心的介绍和路上行人友好、热情的微笑而烟消云散。

"体验式"教学学习

在这个小地方生活和工作，意大利语的学习被迅速提上日程。Giorgia 老师告诉我，周二和周四下午从三点到六点，马利耶国立中学都有为外国人专门开设的免费意大利语课，从零基础到中级都有不同的班。作为一名国际汉语教师，我一方面迫切需要提高自己的意大利语水平，另一方面也想看看意大利老师是如何在目的语环境下，对来自不同语言和文化背景的学习者开展教学的。就这样，我抱着职业学习的态度来到了这个课堂。

经过了简单的分级考试后，我被安排在了初级班。班上一共有十来个学生，大部分都来自非洲，只有我和一个泰国女生是亚洲人。一周两天的课，分别由 Enrico 和 Maria 两位老师负责。两位老师的课堂风格不尽相同，但是共同之处就是，课堂全程都用最简单的意大利语与我们交流，并且语速极慢。这不禁让我想到了两年前在北外课堂上自己的模拟试讲——我"巴拉巴拉"说了一大通，讲台下的"学生"也很配合，"课堂"非常顺利。如今回想起来，完全理解了老师点评所说的——"那样的语言和语速只会让学生一脸茫然"。

在意大利语课上，虽然我当时的水平非常低，但是老师们不断重复的课堂用语和夸张的手势，让我觉得理解起来并不难。但是与国内倡导的"交际法"不同的是，这儿的教学还是侧重语法解释和练习，不过这也是因为意大利语的语法和时态系统繁多而复杂，初级阶段更需要打牢语法基础。另外，"听、读、写"技能的训练占课堂的比重非常大——这一点，或许是因为走出课堂我们随时随地都有机会"说"吧，所以课堂的口语练习很少。

有了这一个学期当学生的体验，我也更加深刻地体会到了作为一个语言学习者对老师和课堂的需求——老师的解释能够简单易懂，课堂的指令能够清晰明了，课堂的节奏能够松弛有度，"听、说、读、写"的训练能够全面有效。另外，老师对学生的关注也应该力求平等，对学习能力稍弱的学生应该有更多的耐心和帮助。

细心的建议

在意大利，学校的外语语言课程大部分都是意大利老师和该外语母语老师合作教学，意大利老师主要负责语法解释和文学知识讲解，而母语老师则是针对学生已学的内容进行口语和交际练习。每周上课前，我都会与Giorgia老师说一说我准备的练习，这样一方面可以看看我们的教学进度是不是统一，另一方面也可以听听她的建议。

在高一年级的学生学习完"家庭"这个单元后，我打算给她们安排一个"介绍自己家庭成员"的汇报练习。但是Giorgia老师告诉我，班上那个叫Francesco的男生的妈妈两年前去世了，这个练习可能会让他很难过，所以建议我换一个练习。虽然只上了一个多月的课，但是我对这个男生很有印象，因为他非常腼腆，平时都是安安静静地坐在教室的角落里，但是他的汉语发音非常棒。为了避免课上出现不愉快的局面，我将这个练习稍稍改了一下——让学生们选择一个他们喜欢的动画片或者电视剧，介绍里面的家庭成员。Francesco介绍了《辛普森一家》，他的汇报非常流利，也没有出现尴尬或者其他突发情况。汇报结束后，学生们都为他们能够用汉语介绍他们喜欢的动画片和电视剧感到骄傲。从Giorgia这个小小的建议中，我也感受到了意大利老师的细心以及对学生的人文关怀。从那以后，课间我都会花一些时间留在班上或者走廊上，跟学生们聊聊天，以便更全面地了解每一个学生。这样不仅增进了师生之间的交流和感情，也让我的意大利语有了不小的进步——学生们都很乐意纠正我的发音或者语法错误，在课下，他们都是我的意大利语老师！

招生巡讲的体验

每年下学期快要期末的时候，这边的高中都会去周边各个城市的初中进行招生巡讲，向学生和家长介绍本校的课程和特色项目，以吸引他们选择自己的学校。卡佩切国立高中当时是莱切省唯一一个开设了汉语课程的高中，"汉语"自然是它的一块招牌。

一天，学校教务处的 Anna Rita 老师找到我，问我愿不愿意参加今年的招生巡讲。她告诉我，因为语言方面的限制，之前孔子课堂的老师们都没有参加过招生巡讲，但是她相信我的能力，希望我能试一试。对于她的信任，我感到非常荣幸，虽然自己内心有一丝忐忑，但是还是接下了这个任务和挑战。于是，接下来的两个星期，课余的时间我都在准备巡讲内容并向其他有经验的老师请教。

第一次招生巡讲，我跟其他两位老师一起去了 Cursi 的一个初中。初中的大礼堂里坐满了学生、家长和其他学校的巡讲老师。跟我一起去的 Tina 老师悄悄跟我说，今年学生们看到我这个中国老师就知道是卡佩切国立高中来了。我暗暗一笑，在心中默默想着一会儿要介绍的内容。我们高中被安排在第一个发言，于是 Tina 老师去台前准备要播放的视频材料。但是不料投影设备出现了一些问题，调试了很久都没有反应。安静的礼堂里，气氛有些尴尬。于是我见状拿起了话筒，跟学生和家长们介绍了自己并提议："在等待的过程中，你们有没有兴趣学一两句汉语呢？"学生们瞬间兴奋起来，还有的直接大声跟我说"你好"。我邀请那些会说"你好"的学生教其他人说了"你好"，然后我又教大家说了"谢谢"和"再见"。这五六分钟的时间里，学生和家长们学会了用汉语打招呼，而投影设备的问题也得到了解决。第一次巡讲非常成功，Anna Rita 告诉我，后来有很多家长打电话到学校，希望报名汉语试听课。

结束了两年的汉语教师志愿者工作以后，由于一些个人原因，我没有继续申请做国家汉办的公派教师。2020 年 2 月，我开始在维泰博的图西亚大学担任汉语教师，负责大学一年级和二年级的汉语教学工作。

纠音要对症下药

这两个年级我都是中途接班，在最开始的几次课中，我发现了学生们普遍存在的发音问题。比如，"句""去""语"中的 ü，他们都会发成 u。原来，他们之前的汉语母语老师并没有给他们介绍过汉语拼音的拼写规则，他们完全不知道声母 j、q、x 与单韵母 ü 相拼时，ü 上的两点会省去。所以在看到 qù 等拼音的时候，学生们都把韵母读作 u 与声母相拼，于是就出现了这个发音问题。因此在纠音课上，我特别强调声母 j、q、x 一定不会与韵母 u 相拼，所以看到 ju、qu、xu 时，韵母一定是 ü。在后来的几次课上，我把所有带 ü 的音节都罗列了出来，带着学生强化、巩固它们的发音。

类似的发音问题还有"足球"的"球"，他们会发成介于"渠"和"球"之间的音。这个发音问题，一方面是因为他们不知道"iou"在拼音书写时省去了 o，所以发音时完全没有 o 这个音；另一方面仍然是由于他们对 ü 和 u 这两个舌面元音的发音位置把握得不好。在意识到了学生们这些比较顽固的语音问题后，每次汉语课，我都会花五到十分钟左右的时间进行语音强化练习。一个学期的课下来，学生们的语音都有了不小的进步。

对比在意大利高中和大学的语音教学，我也发现，母语的负迁移影响在成人学生者中要大得多。"喝""车""可乐"中的单韵母 e，在汉语中是舌面后元音。但是在意大利语中，e 比汉语的发音要靠前得多，它类似于双韵母 ei 中的起点元音。受母语负迁移影响，学生们 e 的发音非常靠前。另外一个受母语负迁移影响严重的发音问题就是声母 h。意大利语的 h 在单词中是不发音的，比如，"ho（动词：我有）"的发音是 /ɔ/。所以初级水平的意大利学生常常会说，"你好（nǐ'ǎo）""上海（shàng'ǎi）""爱好（ài'ào）"等等。这些问题个别的高中学生也有，但是在大学，几乎所有的学生都有这两个问题。为了解决"h"的问题，在一次课上，我们进行了"哈哈大笑"训练——通过大笑让学生们感受声母 h 的发音位置。学生们一开始都放不开，但是在我有感染力的魔性笑声中，学生们都笑了起来。接着我们马上又练习拼读了大量带有声母 h 的拼音。学生们告诉我，以后再看到"h"就会想到这节"哈哈大笑"课，它的发音怎么样也忘不了了。后来还有学生跟我调侃意大利新闻播报员在播报中国城市时不标准的汉语发音，说他们应该也来我们课上练练"大笑"——因为这个"h"现象，在意大利新闻节目中也常常出现，只是"上海（shàng'ǎi）"最终变成了"上海（shāng'ài）"！

汉字的学习，打基础是关键

因为新冠肺炎疫情，2020 年 9 月新学期的课，全部改为远程网络课程。我与大一新学生的第一次见面，也是通过这个小小的屏幕。对于汉语初学者，刚开始的几次课，我一般都会先介绍汉语的语音特点以及汉字、笔画、部首和笔顺的基本知识。以前在教室上课的时候，我都会为学生准备一些米字格的练习纸，带着学生先练习基本的笔画和部首，然后一起一笔一画地写"你""我""他"等简单的汉字。在远程课上，我没有办法亲笔展示汉字的书写，所以只是口头介绍了书写规则，然后让学生们练习写课上学习的生词。课下收到几次大一学生的书写作业后，我发现了很多问题。首先是汉字的结构问题。一些左右结构或者上下结构的汉字，学生们常常把汉字的两个部分分得太开，以至于有时候都成了两个汉字，比如，"的"成了"白""勺"、"好"成了"女""子"。其次，汉字讲究"横平竖直"，横折或者竖折处讲究方正，但是学生们的书写往往东倒西歪，有时候国字框的结构直接成了一个圆。另外，还有一些相似笔画的细微差别，比如，"我"字的提和短撇，很多学生要么都写成撇，要么都写成提。

这些问题让我意识到在课堂上展示汉字书写过程的重要性以及练习汉字使用米字格或者田字格的必要性。于是，我就去网上找汉字书写的动画或者视频，找到了一个叫作"笔顺网"的网站。这个网站非常好用——用拼音输入一个需要查询的汉字，然后在下方的米字格就会显示这个汉字的笔顺动画，效果完全就像现场看老师写字一样。我也给学生们发了米字格练习纸并要求他们打印出厚厚的一沓，以便未来练习。回到远程课堂上，每一个生词的书写，我都让学生看了动画，并要求他们一起练习书写。这一过程虽然花了不少时间，但是一个学期下来，大一学生们写的汉字变得越来越规整、漂亮，有几个女生的汉字特别隽秀，一笔一画铿锵有力，完全看不出是出于只学过一学期汉语的外国人之手。在我发现大一学生的书写甚至超过了大二学生的书写的时候，我在大二的课堂上也适当加入了这个展示汉字书写的过程，特别是当生词中有"塑""萨"等这样比较复杂的汉字时。

后来我也把这个网站分享给了其他几个教汉语的意大利同事，他们直呼这真是一场"及时雨"——远程教学也让他们对如何展示汉字的书写问题直发愁。

真实语料让课堂更精彩

尽管现在互联网非常发达，学生们课余可以通过各种网络途径接触到中文，但是课下学生们很少会主动去看汉语课本以外的中文材料。而对于在非目的语环境中的学生来说，课堂中目的语的输入几乎可以说是他们目的语输入的唯一途径。因此，在课堂上提升目的语输入的质量非常有必要。根据我在教学中的一些经历和经验，我觉得结合学生所学语言点，在课堂中增加一些真实语料是一个非常有效的方法。但是，在难度的把握上，我觉得不应该有过多未学习的生词，这些生词量控制在20%左右比较适合。这样，学生一方面能够理解真实语料的大意，另一方面又可以运用一定的学习技能，学习后能够带来很大的成就感。

在跟大一的学生学习了时间表达后，我从网络上找到了一些高铁票、飞机票和列车时刻表。我首先带着学生们一起看高铁票，让他们告诉我这些车次是从哪儿到哪儿、什么时候开的。细心的学生很快发现了中国和意大利火车票的区别——中国的火车票上印有乘车人的名字、身份证信息以及座位号，但是这些在意大利火车票上都是没有的。于是我简单地给学生们介绍了中国的"实名制购票"。接着，我们又一起看了一些列车时刻表，做了大量的时间表达练习并学习了"车次""车站""出发""到达""一等座""二等座"等实用的汉语词汇。最后，我打开"中国铁路12306"网站，也把自己之前保留的高铁票和飞机票展示给学生们。

"双十一"购物节的时候，看着国内各种促销广告，我心想：为何不带着学生们逛逛我们的淘宝和天猫商城呢！正好还可以复习我们学习过的物品词汇和价格表达。于是，课前我告诉学生第二天的课我们要在中国商店"网购"，并请他们写下三个他们想买的东西。课堂上，我先给学生们说了我想买的东西——一盒巧克力、一条裙子和一台笔记本电脑。这些物品和量词学生们都已经学过，因此我请了三个学生来讲台的电脑上，在天猫商城用中文搜索我想买的东西。商城里的东西琳琅满目，学生们又纷纷用中文问我："卜老师，您想买一大盒巧克力还是一小盒巧克力？""卜老师，您想要红裙子还是白裙子？"……我们看了很多不同的商品，每个商品我都会请一个学生说出它的价格。"买"了我的东西以后，轮到学生们了，他们都非常兴奋，争先恐后地用中文说他们的"购物清单"：意大利面、咖啡、葡萄酒、饺子、铅笔、汉语词典、手机、电视、牛仔裤……在看了许多东西的价格后，学生们纷纷表示：中国的生活用品真的好便宜，但是进口商品特别贵——一包意大利面在这儿通常1欧左右，但是到了中国居然要二三十块（相当于4欧）！一节课下来，我们的购物车被填得满满当当，学生们在练习说价格的过程中"货比三家"，都选到了物美价廉的好东西。通过这次课，学生们也大致了解了一些中国的基本物价和年轻人的消费、购物习惯。

意大利的生活还在继续。前段时间，我收到一封学生的邮件，来自我在卡佩切国立高中工作时的一个学生。她告诉我，虽然我只带了他们短短一年，但是是我让她爱上了汉语和中国文化，而如今她也顺利进入了罗马大学东方语言与文学系继续学习汉语，未来想成为一名翻译。我想，学生们的点滴成长和肯定以及这些年所收获的友谊，应该就是我坚持和继续向前的动力吧。新的学年即将开始，也希望自己能够一直坚持初心，用专业对待每一堂课、用爱对待每一个学生，与学生们共同成长！

作者简介

卜源圆，毕业于北京外国语大学汉语国际教育硕士专业，曾任意大利罗马大学孔子学院汉语教师志愿者，现工作于图西亚大学（Università degli Studi della Tuscia），负责中国语言与文化教学工作。热爱中文教学和文化交流，是学生眼中的"良师益友"。

域外，别意外

李俊波

"生活有太多可能，所以，不要让已知成为困囿。"回望我外派罗马大学的经历，这怕是我最深的感悟。

一开始，全是意外

2016年10月30日20：00，罗马菲乌米奇诺机场，我第一次踏上了欧罗巴大地，有些激动也有些紧张，毕竟，两天后，我就要登上罗马大学的讲台。

罗马智慧大学，又称罗马大学、罗马第一大学，是意大利排名前列的知名学府，而东方学系下的中国语言和文学专业更是其优势专业，蜚声中外的汉学家白佐良、马西尼等均出自此间，而我的搭班老师正是马西尼教授——压力，可谓山大。

在同事大卫老师的帮助下，我顺利入住旅店，收拾停当，开始思考两天后的课。十多年来，每每接手新课，我必要提前做好"三备"——"备教材、备学生、备环境"，而今的情况是：

教材，还没有见到——第二天会有同事送过来，这样，我还有一天的备课时间；

学生，大一新生，据说有两百多人，可能都是"零起点"；

课型，口语课。

两百多人？

口语课？？

两百多人的口语课？？？（意不意外？惊不惊喜？）

而且，因为我的签证出得比较晚，这时学生们已经上了两周的课了，前两周的课是由一位经验丰富的老师代我上的，其本人也是现用教材的编写者。

再及，上课的地点在哪儿还不知道——第二天一早我就去学校踩点，然而，假期，学校封闭。我不死心，想问问东方学系的教室在哪儿，保安不会英语，我不会意大利语，两两相望，只得互"CIAO"了事。

说好的"三备"呢？

老李啊，你的域外教学似乎尽是"意外"呢！

且聆听，更多的意外

第二天，同事张老师给我送来了教材，她在罗马大学任教多年，承担过本专业各个年级、多种课型的教学任务，经验十分丰富，更重要的是，她为人大气，乐于分享。与她几次谈话后，我得知：

罗马大学的汉语教学本科阶段共有三个年级；师资配备采用"1+1"模式——意大利非母语老师负责语法教学，汉语母语老师负责口语教学；一年级选修汉语的学生人数比较多，但由于考试不通过而"自然淘汰"后，学生人数逐年递减。

为什么会有"自然淘汰"？因为在这里，学生来不来上课是他们的个人选择，也是他们的权利，老师无权干预，他们只要到时间来考试就好。这让普通本科院校出身的我"大惊失色"——不需要管学生考勤了？平时成绩呢？权重呢？总评的依据呢？

而当时，这些都不如"1+1"的教学模式给我带来的冲击大。我之前的教学基本是"单打独斗"，像这种两位老师面对同一拨学生、教授同一本书，但又侧重点各不相同的情况，我是第一次面对，不免疑虑多多：两者进度如何调配？我怎么知道搭班老师讲了什么？讲授若有不同，学生听谁的？"1+1"会不会最后小于1？

杂念丛生——那么多意外啊！

不得不说张老师真是"老江湖"——她深知国内院校到那儿的老师必会"水土不服"，故得用"猛药"。我记得当时张老师笃定地告诉我："李老师，我们采用这种模式数十年，培养出了很多优秀的学生。"这句话似乎具有某种魔力，在我当时并没有意识到的、已形成的"汉语教学自负膜"上撕开了一个口子。

我本科毕业于华东师范大学对外汉语系，这是中国最早一批开展对外汉语教学研究与实践的院系。毕业后，我一直在从事汉语非母语者的汉语教学工作，举凡综合课、听力课、口语课、HSK过级培训甚至农业汉语、医学汉语等课都上过，也承担过本科院校留学生教学管理工作。研究生时，我学的还是本专业，期间还作为汉办志愿者去过泰国教汉语，在不自觉间，我也可自诩"对外汉语教学的老专家"了。

然而，与张老师交流后，我开始反思：是不是我早在用我熟悉的模式去判断我现在面临的诸多情况？而我目前感知的种种"意外"，于此间，不就是正常态吗？

老李啊，你的域外教学，要有新思路才行啊。

勤沟通，主动融入不"意"外

"1+1"教学模式风行意大利汉语教学界几十年，我在罗马大学的很多同事就是这个模式培养出的优秀代表，所以，我的疑虑不是该模式本身，而是我要如何融入这个模式，真正使得"1+1"产生合力，并最终能"＞2"。

长期以来，我一直坚信，"沟通"是解决一切问题的有效方法，而"沟通"应是全方位的，不应该只限于言语层面。所以，当我产生了"融入'1+1'模式"这个想法后，我第一时间就想到了"要听课"。听课，是了解合作教师的最直接的方法。所以，我第一时间向马西尼老师提出了听课的请求，他欣然接受了。之后，我坚持听了马老师一整年的课，了解了他的教学方式、讲授重点和学生在他课上的表现，这使我迅速融入了罗马大学教学体系，也对我安排教学内容和总体评价学生具有重大作用。

主动融入"1+1"模式，除了听课还不够。学生的作业都由我批改，他们的作业中会出现很多偏误，这些偏误如果不及时订正，显然不利于学生继续学习。由于语法部分由马老师负责讲解，所以，我会将学生作业中的偏误分类整理出来，再发给马老师，由他去给学生解释和分析，既能及时解决学生问题，也确保了"1+1"的分工合理性，更重要的是，加深了搭班老师的相互了解和信任——有效的协作就是在全面的"沟通"中完成的。

在教学实践中，我逐渐体会到了就罗马大学的汉语教学而言，"1+1"不仅仅是同一年级两位老师的合作，也是不同年级老师间的合作。罗马大学中文本科教学一共是三个年级，每个年级有其自身的教学重点和习得规律，如果不主动理解和融入这个教学体系，而是"求好心切""超纲教学"，那将会给后续教学的老师造成一些不必要的障碍，特别是我处在"零起点"教学的一年级阶段，更要注意把控教学内容和教学节奏，故而我的主要任务就是为学生打好语音基础，开好学习汉语的头，而不是越俎代庖地把二年级的内容也一起讲了。我理解的"1+1"不仅是横向上的同年级的两位老师"1人+1人"的合作，也是纵向上"1级+1级"的合作。

主动地沟通，增进了我和同事的互动和了解，不意外地，让我在较短的时间里获取了搭班教师的信任，融入了罗马大学东方学系这个新集体。

老李啊，看来你不再是"意""外人"了啊！

若用心，自然能成"意""中人"

有一说一，"零起点"的汉语学习者对他们母语者老师那是十分信任和尊重的——因为那是他们对比的样本。所以，"你是我遇到的最好的汉语老师"这种赞扬对我来说已经等同于"老师，你好"，不再如第一次听到那般心潮澎湃进而沾沾自喜，更多的是感受到学生对你是一名"老师"的认同。

然而，这并不是说学生无法判断你的教学水平和教学投入。

怎么进行超大班（一百人左右）的"零起点"汉语口语教学？这是一个课题。

得"动起来"，特别是学生的嘴，必须动起来！

意大利学生其实大多比较腼腆，要怎么让他们大胆开口呢？又怎么保证每次课都能让学生开口呢？首先我自己得"动起来"！

设备得跟上。从国内买来的随身扩音器真是好宝贝，有了它，再大的教室我也不怕（毕竟不是每个外派教师每周都能在五百人的大礼堂上课的）。

腿脚得跟上。教室大、学生散，我戴着我的"小蜜蜂"，穿梭座椅间，精准指定发言者，确保"开口率"，夏天一堂课下来，浑身汗。

细节得跟上。教拼音，嘴型舌位很重要，学生发不好 [u] 和 [y]，除了强调舌位前后不同外，合口和撮口的唇形不同也不能忘，这时，就要一遍遍让学生"看我、看我、快看我"。

或许，老李跟其他老师相比，少了几份端庄，多了一些手舞足蹈，然而，学生似乎更相信我了。

也不能闭门造车，在听取有经验的老师的教学建议和学生的听课反馈后，我不断调整自己的教学思路和方法，力求让学生在课堂上从"要我说"到"我要说"，让学生感受汉语课不是枯燥和无聊的，而是充满生活情趣的。虽然我只负责一年级的教学，但是我也借阅了二、三年级的汉语课本，通过深入备课，我发现，这套《意大利人学汉语》就是一部"连续剧"，主要讲述了马可、保罗、安娜、米小雨等主人公学习、爱情、工作的日常，而这些都十分贴近学生的真实生活，可以使学生产生共鸣。据此，我在讲课时，常常用"串讲"等方式将本阶段前后的课文内容联系起来，通过提问、情景会话等方式让学生沉浸入课文描绘的场景中，将课文的主角变成学生周围的同学、朋友，比如马可、保罗、米小雨的"三角情愫"就极富话题性，别说这太八卦，口语课上，"八一八，更快乐"！这种教学方法让我的课堂充满了乐趣与生气，而"你是我见过的最好的老师"也升级为"这是我上过的最好的汉语课"。

于是，被"PICK"的老李啊，不胜欢欣！

作者简介

李俊波，男，云南文山学院教师，2016年10月至2019年11月作为国家公派汉语教师任教于罗马大学东方学系。

我教马扎尔人学汉语

姜珊珊

马扎尔人，音译于 magyar，这是一个匈牙利语的单词，意思是匈牙利人。没错，我要讲的就是教匈牙利人学汉语的故事。匈牙利是位于欧洲大陆中部的一个小国家，9万多平方公里的土地上生活着不到1000万人口。什么概念呢？就是匈牙利是一个面积比浙江省还小，人口还不到北京市的一半的中欧小国。之前很多人会问我在哪个国家教汉语，我说在欧洲一个叫匈牙利的国家。他们多先是一愣，然后问我这个匈牙利跟奥匈帝国有没有关系，我说有，奥匈帝国就是奥地利和匈牙利这对"CP"啊。也许，在中国，匈牙利的首都布达佩斯比匈牙利的知名度要高，毕竟很多人都听说过《布达佩斯大饭店》这部著名影片；毕竟中国有一个著名的小品演员，叫陈佩斯，陈佩斯还有一个哥哥，叫陈布达。据说，当年他们的爸爸，也就是陈强第一次走出国门，到布达佩斯访问演出，正巧赶上妻子分娩，生下一个大胖小子。为了纪念这次访问演出，陈强给儿子取名为"布达"，并开玩笑说再生一个儿子就叫"佩斯"，真的是冥冥之中自有天意呀。

我是2015年作为国家公派教师被派遣到匈牙利的，任教于匈牙利米什科尔茨大学孔子学院。我的教学对象主要是米什科尔茨大学的大学生、教职工以及我院的共建企业万华·博苏化学公司的匈方员工。初到匈牙利，最让我们头疼的就是匈牙利语。虽然匈牙利地处欧洲大陆的中心，可是匈牙利语跟印欧语系却没有一点儿关系。匈牙利语属于芬兰—乌拉尔语族乌戈尔语支，虽然它和芬兰语语法构造上相似，但是二者之间无法交流。匈牙利语作为小语种之中的小语种，是世界上最难学的语言之一。举个例子，警方这个词，英语 police，西班牙语 policía，法语 police，意大利语 polizia，德语 polizei，波兰语 policja，瑞典语 polis，挪威语 politi，最后重点来了，匈牙利语 rendőrség。这导致初到匈牙利的我们去超市购物的时候，完全是靠猜的。第一次买盐，就是在超市盯着一包白色的"东东"纠结了好久，拿不定是糖还是盐,又不好意思尝尝,只好大胆买了,还好,买对了。

第一节课如期到来,我精心准备了自我介绍,在黑板上用拼音和汉字写下我的名字"姜珊珊",我鼓励大家试着读一读,并打算以我的名字为例,讲解一下什么是汉语。结果,我听到了"洋三三"。原来匈牙利语 j 发成 ye,sh 发成 s,而 s 反而发成 sh。从语言对比的角度来说,sh 和 s 的发音不算是难点,而是不同点,处理容易掌握的不同点,最好的办法就是让学生们形成深刻的印象,从而牢牢记住。趁着第一节课大家对我的这个新鲜劲儿,我带着学生们一起读我的名字,也跟学生们解释了"三三"的意思,学生们听完也笑了。我趁机开玩笑地说:下次上课老师要考你们呀,老师不想再听到"三三"这个名字了。愉快的第一节课结束了,学生们不光了解了汉语的结构,还学习了简单的声母、韵母、四个声调以及日常用语"你好""您好""你们好""对不起""没关系"。学生们纷纷过来跟我说再见,他们一边挥手,一边说着"你好",然后走出教室。我很困惑,这是怎么回事呀?原来,匈牙利语的"你好"和"再见"是一个词,都是"Szia",怪不得他们有这个负迁移,下节课我又有要讲的了。

有人说,匈牙利就像在欧洲的亚洲国家。作为一个游牧民族,匈牙利(Hungary)跟称霸蒙古高原的匈奴(Hun)以及号称"上帝之鞭"的匈人(Hun)有着千丝万缕的关系。史学家们众说纷纭,尚待定论,我们不妨从其他方面来略窥一二。匈牙利人的名字顺序和中国人一致,姓在前,名在后,比如匈牙利著名革命诗人裴多菲(Petőfi Sándor),就是写了《自由与爱情》的那位,姓是 Petőfi,名字是 Sándor;匈牙利的国菜 gulyásleves,就是加了欧洲香料的土豆牛肉汤;还有匈牙利人的性格,一般比较腼腆,上课不爱主动发言,有时候也会脸红,跟亚洲学生很像。这就需要老师们多多鼓励,创造一个人人爱说、想说的课堂氛围。

在匈牙利任教的几年,最幸运的事情就是我们孔院的几位"铁杆粉丝"都先后当过我的学生,有的一学就学了四年。这是一个特殊的群体,是一个平均年龄60+的"铁杆"学生群体。艾迪,米什科尔茨大学退休的语言教授,精通法语、德语、俄语、匈牙利语、波兰语等语言,自孔院成立起就在孔院的教工班学汉语,其中跟我学了四年,坚持用汉语给我发邮件、用汉语翻译小说。István,退休消防员,每天背着一个黑色的公文包,穿梭在大学校园里。每当米市有电影文化节或是庆祝传统节日的时候，他都会收集好信息，发给孔院的老师们。还有每学期结束的时候，为了表达感谢，他都会带一个蛋糕过来，跟大家分享。最"萌"的是，有一次下课后，István 给了我一页 A4 纸，上面写着学语言可以预防阿尔茨海默病。高亚诺，万华·博苏化学公司的工人，即将退休，"三班倒"着上班的那种，工作很辛苦，却也一直坚持学汉语。他最早在公司的员工班学，后来干脆到大学来学，无论多忙，都坚持完成作业，一度成为米市汉语说得最好、汉字写得最漂亮的学生。

还有一位老人，跟我学的时间不长，却给我留下了深刻的印象。他第一次来我的课堂的时候，穿得脏兮兮的，身上散发着一种不太好闻的味道。他说自己住在另一个城市，听说这里有汉语课，就找过来了。老师当然欢迎学生，我照旧热情地欢迎了他，并询问了一些他的基本情况。他是一位 80 岁高龄的老人，在匈牙利著名的葡萄酒产区艾格尔有一座葡萄园，每天都去葡萄园工作。年轻的时候，在当地政府工作过，也当过老师，教过体育和数学。曾经去过上海和东京，英语、汉语说得都不错。他拿出他自己的汉语词典给我看，说自己以前在艾格尔的大学学习汉语，但那里这学期没开课，偶然听说我们这有课，就决定过来继续学习。他说他来一趟不容易，要先骑自行车到当地的火车站，中间要换乘一次火车，到达米市后，先坐电车，再坐公交车，下课以后回家还要再重复一遍。说实话，我真的很感动，是什么让一位 80 岁的老人不辞辛劳地来到我们这儿学习汉语？除了纯粹的热爱，我想不出第二个理由，这一份纯粹，真的弥足珍贵。

在匈牙利的四年转瞬即逝，在不断的教学实践中，我也在不断地反思。什么是真正的难点？什么是阻碍学生掌握汉语的瓶颈？是发音吗？是语法吗？是量词、离合词吗？我觉得都不是，欧洲人学汉语，最难的、大部分学生最抗拒的还是认汉字、写汉字。很多在一、二级表现很好的学生，到了三级就不行了，原因就是课本在一、二级都有拼音，从三级开始，拼音和课文分开，学生一下子没有了"拐杖"，学习难度陡增，于是逐渐对汉语丧失兴趣。因此，汉字教学，从一开始就需要重视起来，教师在教学过程中要不断展示汉字的魅力，让学生爱上写汉字、认汉字，让学生觉得会读、会写汉字是一件很酷的事情。法国著名汉学家白乐桑（Joël Bellassen）很早就提出了"字本位"。关于"字本位"，我们在此不深入展开，现实是"字本位"的指导思想确实在法国的汉语汉字学习中起到了很大的推动作用，学生们在游戏中就掌握了大量的汉字并了解了汉字的构造及构词能力。汉字掌握得好，学生会保持持久的兴趣，在学汉语的道路上走得更远、学得更久，也就学得更好。这也是我在实际教学中不断验证的一点。

四年的孔院工作让我积累了大量的工作经验，同时也时不时让我感觉触及到了"天花板"。于是，我选择继续留在匈牙利攻读博士，争取早日学成归国，继续在汉语国际教育领域耕耘收获，这也是我的幸福的源泉。

作者简介

姜珊珊，女，现为匈牙利罗兰大学语言学在读博士。2014年毕业于北京语言大学语言学及应用语言学专业。硕士期间，曾赴墨西哥新莱昂州自治大学孔子学院任汉语教师志愿者。2015—2019年，赴匈牙利米什科尔茨大学孔子学院任孔子学院公派教师。赴任期间，主要承担孔子学院初—高各级别的汉语课程，以及米什科尔茨两所中学、孔院合作单位万华·博苏化学（Wanhua-BorsodChem）的汉语教学工作。此外，于2015年开始着手孔院的HSK考试的考点申请工作，并自此担任HSK考试的总监考。同时负责国家政府奖学金以及孔子学院奖学金的申请工作。

我在西班牙教汉语

——探问中西两国社会文化

于培文

2018年6月，我申请了为期11个月的西班牙马德里自治大学与北京语言大学的"校际交流汉语教学"项目，于2018年9月至2019年7月间，在马德里自治大学哲学与文学院的东亚研究中心作为客座教授，教授汉语。

马德里自治大学简称"马自治"，其规模名列欧洲大学榜首，2019年其综合学术排名名列西班牙高校榜首。哲学与文学院在其主校区Cantoblanco，位于马德里东北郊，马自治的中国学课程和汉语课程集中在哲学与文学院的东亚研究中心。中国学的教学内容包括：中国历史、中国文化、中国文学、中国语言（汉语教学）、中国经济等。跟中国社会历史文化相关的课程基本为选修课程，包括：1.中国文化，2.中国现代文学，3.中国历史，4.中国政治，5.汉语语篇翻译，6.中国艺术，7.东亚企业文化，8.东亚社会与经济发展。这些选修课的任课教师除了一位华裔外，其他都是西班牙本土教师，授课语言皆为西班牙语。中心所开设的汉语课程都是必修课，包括：1.初级汉语（1—2）（一外和二外），2.中级汉语（1—2）（一外），3.中高级汉语（1—2）（一外），4.情境汉语（一外）。以上课程除了初级汉语（1）每周有一课时由西班牙本土汉语教师用西语介绍汉字知识外，其他课程任课教师都是中国教师。

2018年9月至2018年12月这个学期，我承担两门课：1.大一新生"零起点"的汉语课——初级汉语（1），周课时4节，教材是耶鲁大学出版的《环球汉语》（*Encounters: Chinese Language and Culture*）第一册；2.大二第一学期的汉语课——中级汉语（1），周课时4节，教材是《环球汉语》第二册。2019年1月至6月承担的两门课为：1.大一第二学期汉语课——初级汉语（2），周课时4节，教材是《环球汉语》第一册；2.情境汉语，周课时3节，学习者是大三和大四学生。情境汉语课没有教材，负责东亚研究中心汉语教学的东亚研究中心主任、西班牙知名汉学家达西安娜·菲萨克教授让任课教师自编教材授课。我很欣赏这样的安排，因为这门课赋予任课教师很大的自主权，我想借这门课，来了解一下西班牙大学生对中国的社会历史文化和中国当代社会的认知状况，继而领着他们叩开认知中国社会历史文化的大门，让他们去了解并不熟悉的东方国度，并要求他们来审视、观照自己国家相应方面的内容。

为了设计学生感兴趣的教学内容，第一次课，我采用美国威斯康星大学教育学院 François Victor Tuchon 教授倡导的"世界语言与文化深度教学法（Deep Approach to World Language and Cultures）"的教学理念，对学生进行教学内容问卷调查。我设计的教学内容问卷选项包括：中国历史、中国地理、中国经济、中国政治、中国军事、中国交通、中国教育、中国城市、中国建筑、中国美食、中国诗歌、中国音乐、中国影视、中国姓氏称谓文化等。一上课，我就跟学生说明这门课的教学思路，告诉他们在这门课上我将讲授他们最想了解的中国情况。调查统计结果表明，他们对下列内容有所认知：唐朝、黄河、北京、上海、广州、饺子、功夫、李白的《静夜思》。他们提出想进一步了解中国的国家概况、当代经济发展、科技、历史朝代、河流、城市、美食、诗歌、影视以及高等教育等。根据学生的反馈，我设计了情境汉语的教学内容，包括：1.中国概况，2.中国经济，3.中国科技，4.中国历史，5.中国河流，6.中国城市，7.中国美食，8.中国诗词，9.中国电影，10.中国电视剧，11.中国大学。确定好教学内容后，我引领着学生开启了中西社会、历史和文化的比较之旅。

每个中国主题课，教师和学生各有分工：中国主题内容由任课教师准备并讲授，通过视频和图片等多媒体方式来展示；每位学生需要提前准备西班牙相应方面的口头陈述内容，课前做成PPT发给老师，老师批改后，反馈给学生，学生课堂上用汉语向全班做口头陈述，陈述结束后，全班围绕中西主题内容展开讨论。每节中西主题课的课后作业之一是要求学生把自己陈述的内容和课堂讨论的内容结合起来，写一篇小论文，比较中西主题文化的异同，并分析其原因。这门课充分发挥了学生的自主性：一方面，培养了他们的跨文化意识、跨文化同理心和鉴赏力；另一方面，提高了他们的汉语口头表达能力和书面表达能力。每周完成一个主题学习。

情境汉语第一次主题课是"中国概况"，学生们首先跟随我在华夏大地上从西到东、从南到北走过名山大川，跨越34个省级行政区及其名城，神会了中华大地上的56个民族。为了让学生对当代中国有个直观的了解，我在课上播放了中国电影《厉害了，我的国》片段，学生观后，我请他们谈谈观后感，他们说电影中中国的这些超级工程——中国桥、中国路、中国车、中国港、中国网刷新了他们对中国的认知，尤其是中国的发达程度、中国的科学技术、中国的青山绿水让他们大开眼界、感到震撼，他们希望走进中国，体验中国文化。

在"中国历史"主题课上，学生们神游了中国上下五千年，在"盘古三皇五帝更，夏商周秦两汉成，蜀魏吴争晋南北，隋唐五代宋元明清"的历史朝代中穿梭着，寻找着兴趣点。又返回西班牙，追溯西班牙历史，回到三万五千年前，现代人类进入伊比利亚半岛的原点，然后，他们沿着罗马人入侵——多个穆斯林王国建立——西班牙王国成立——西班牙帝国的辉煌与没落——西班牙内战的历史进程，一直趣游到现代西班牙。主题讨论是：中西两国发展的历史进程不同，反映了各自什么样的历史文化特点？

从历史的时光隧道走出后，我们一起登上了青藏高原，探寻了唐古拉山脉的沱沱河和巴颜喀拉山的约古宗列曲，在长江、黄河两条"巨龙"中泛舟而下，领略了她们沿途千变万化的自然景观和人文景观。之后，回到西班牙，探寻了西班牙境内河流的情况：西班牙境内第一长河埃布罗河长910公里，流经西班牙东北部，滋润着这一地区，赐予这里青山绿水；流经古都托莱多的塔霍河，全长1007公里，因其下游在葡萄牙境内，屈居西班牙第二长河；发源于瓜达拉马（Guadarrama）山脉的曼萨纳雷斯河，尽管一路水波不兴，可圈可点之处不多，但因流经缺水的马德里而闻名——在马德里，它已变成一条浅浅的河；瓜达尔基维尔河流经西班牙南部"被上帝亲吻过的地方"——安达卢西亚自治区，西班牙历史名城塞维利亚和科尔多瓦因她的润泽而变得润美灵动，河上常常有西班牙皮划艇选手在比赛或训练。主题讨论：中西两国河流有何不同，反映了两国什么样的地貌特点和大河文化特点？

领略了中西两国的河景，学生们来到中国城市，游览了北京的故宫、颐和园，上海的外滩明珠塔，杭州的西湖十景和苏州的园林。游览中国名城时，他们情不自禁地把这些中国名城和自己国家的名城做比较：来到北京，就自然想起历史文化遗迹丰富的欧洲历史名城马德里，它是当之无愧的西班牙政治、文化、经济和金融中心；巴塞罗那是可以和上海相媲美的西班牙最著名的旅游胜地，位于西班牙东北部地中海沿岸，号称"伊比利亚半岛的明珠"，这里有著名建筑师高迪（Gaudi）设计的多处建筑——奎尔公园、米拉之家、巴特罗之家、圣家族大教堂（圣家堂）等，其中以百年"烂尾"工程圣家堂最为有名。哥伦布探索新大陆的起点城市塞维利亚，是西班牙南部经济、贸易、旅游和文化重镇。科尔多瓦王国的古都科尔多瓦是伊斯兰教主要都市之一，其大清真寺宏伟壮观、闻名遐迩。以古罗马圆形剧场和毕加索故乡著称的马拉加，满城充满古典气息与艺术气息。还有以古罗马输水道大渡槽著称的塞哥维亚，也是他们的骄傲。主题讨论：中西两国的这些名城因何而闻名？中西这些旅游城市发展的不利因素有哪些？

一晃学期过半，学生们对中国的美食早就垂涎三尺，在学习、了解中国各地美食之前，我首先让他们体验了中国美食，为他们准备了具有浓郁中国特色的食品，主食有扬州炒饭、牛肉胡萝卜馅包子、韭菜馅饺子、素三鲜春卷；菜类有麻婆豆腐、清炒苦瓜、凉拌木耳、五香豆干；甜品和小吃有沙琪玛、绿茶麻糍、紫薯麻糍、凤梨酥、木瓜酥、荔枝酥；水果和饮料有鲜桂圆、火龙果、信远斋的桂花酸梅汤。很多学生是第一次吃中国食品，他们赞不绝口、大快朵颐。他们边吃，我边给他们讲解这些食品的相关文化，只一会儿工夫，带去的食品就一扫而光。吃完后，他们更加迫切地想了解中国的美食：他们想吃北京的全聚德烤鸭、东来顺的涮羊肉、炸酱面、冰糖葫芦，再喝上碗豆汁儿；去上海吃生煎包、包脚布、油墩子；到杭州吃小笼包、西湖醋鱼、东坡肉、定胜糕、葱包桧；在苏州，想品尝阳澄湖大闸蟹、太湖三白、松鼠桂鱼、青团子、卤汁豆腐干，最后再来碗桂花红糖粥。他们推荐的西班牙美食有：马德里圣米盖尔市场和巴塞罗那兰布拉大街的博盖利亚市场琳琅满目的轻便小吃塔帕斯，唇齿留香的伊比利亚火腿，名闻全球的瓦伦西亚海鲜饭和巴塞罗那墨鱼饭，味道细腻的消暑佳品安达卢西亚冷汤（Gazpacho、Salmorejo、Ajoblanco），营养丰富的减肥食品土豆煎蛋饼，原汁原味的加利西亚章鱼（Pulpo a feira），蘸热巧克力吃的西班牙油条，马德里炖菜（Cocido Madrileño），科尔多瓦的面食（Flamenquín），烂熟营养的红烧牛尾（Rabo de Toro），颜色鲜明的绿酱鳕鱼（Merluza a la Koskera）、阿斯图里亚斯必吃的美食阿斯图里亚斯炖菜（Fabata Asturiana）、入口即化、唇齿生香的塞哥维亚烤乳猪，还有油醋浸小鱼（Boquerones al vinagre）、煎青椒（Pimientos de padron）、炖牛肚（Callos a la madrileña）。这些西班牙食品风味独特，吃起来令人欲罢不能。主题讨论：中西两国的美食背后折射的民族文化是什么？两国是否存在食品安全问题？中国人为什么用"你吃了吗"打招呼？为什么西班牙人喜欢慢节奏、惬意的"泡吧"生活？

享受美食时，再来点诗酒助兴，秒变文人雅士。他们来到中国诗词王国，欣赏了王维宁静幽美的《鸟鸣涧》，体会了诗人"诗中有画，画中有诗，静中有动"的山水诗的禅意和静谧美好；他们吟诵了苏东坡的《水调歌头·明月几时有》，读懂了词中的思念之情，也读出了词中诗人乐观旷达的人生态度；同是这一轮明月，亡国离愁之君唐后主李煜却有不一样的解读，他看着这轮明月，有感而发写下了愁云密布的《虞美人》，在词里，他发出了生命的绝响——"问君能有几多愁，恰似一江春水向东流"，学生读着词、听着邓丽君的演唱，有的黯然神伤，有的潸然泪下；王之涣的《登鹳雀楼》让他们精神振奋，决心更上一层楼。在西班牙的诗歌王国，西班牙诗人胡安·拉蒙·希梅内斯的"灵魂安眠曲"《我不再归去》中，亡灵对人世的热爱与留恋——"我久已不在此地，不知是否有人还会把我记起"，让他们懂得珍惜此生；阿莱桑德雷的《青春》，使得他们体会了"青春太轻，岁月太重"的哲理；拉斐尔·阿尔贝蒂清新优美的《善良的天使》让他们看到了人性美。主题讨论：中国古诗词常有哪些主题？西班牙的现代诗歌主要有哪些主题？

享用美食、诵完诗词后，他们观看了中国电影，喜欢的电影包括：《战狼2》惊险不断，让他们热血沸腾，大呼过瘾；《人在囧途》包袱不断，让他们乐个不停；《我不是药神》讲述的民生之苦，让他们泪水涟涟；《大闹天宫》激发了他们的童趣；《捉妖记》展示了魔性和人性交织的画面。但是他们看不懂《无问西东》《芳华》和《红高粱》，因为他们不了解这几部电影所反映的时代背景。他们重温了西班牙经典影片：20世纪70年代西班牙电影代表作神秘的《蜂巢幽灵》、反映南美魔幻现实主义的《旅行》、反映女性大爱和包容的《关于我母亲的一切》、反映因战争而引起人性凋敝的《蝴蝶的舌头》、关于爱情友情和谈话的《对她说》。主题讨论：中国电影和西班牙电影反映的主题有什么不同？这些电影反映了中西两国什么样的历史发展时期？

　　他们喜欢的中国电视剧包括：《爱情公寓》让他们了解了中国年轻人的五彩生活，《家有儿女》让他们走进了中国寻常百姓的家庭生活，《香蜜沉沉烬如霜》让他们看到了中国的魔幻想象力，但是他们看不懂《红楼梦》《白鹿原》和《人民的名义》。他们喜爱的西班牙电视剧包括：以爱情与谋杀为主题的《浮华饭店》，反映爱与救赎的《天使亦魔鬼》，反映犹太人、穆斯林与基督徒在托莱多城实现"三种文化共生"，抑或种族间恩怨不断的《天命抉择》，反映名垂千秋的伊莎贝尔女王一生的《伊莎贝尔》，描绘女裁缝变成女间谍的不可思议的故事的《时间的针脚》，等等。主题讨论：中国电影和西班牙电影所反映的主题有何异同？为什么？

　　一学期的课很快结束，学生们反馈说，这门课让他们在一定程度上了解了中国，他们觉得中国社会文化非常有吸引力，他们喜欢朗朗上口、意境优美的中国诗词，喜欢内涵丰富的中国电影和电视剧，希望在不久的将来能去中国，亲眼看看这个了不起的东方文明古国，去游览两条巨龙——长江和黄河，去爬爬长城，去中国的很多历史文化名城游历一番，顺便再去中国饱饱口福，品尝中国美食。他们期待着……

　　情境汉语课的目的不是输出中国文化，而是让西班牙大学生对中国社会和文化有所认知。通过学习这门课，学生对当代中国的政治、经济和科技发展以及中国的历史、河流、城市、美食、影视、诗歌和大学有了初步的认知。与此同时，他们重新审视、观照了自己国家相应方面的内容，这促使他们探寻、思考两国的社会文化现象背后的深层内涵，培养他们的跨文化意识、跨文化同理心和跨文化理解力。学生们表现很好：上课非常配合，积极性高，踊跃参与讨论，认真完成口头陈述和课后小论文。

　　东亚研究中心的教学与科研氛围令人印象深刻：教师对待教学工作非常敬业，科研气氛浓厚，同事之间关系友好亲密。马自治的汉语教学有些特点值得注意：1. 在教学过程中，按照东亚研究中心的课程设置要求（为西班牙培养未来的汉学家或汉学研究者），教师教授汉字时，要以简化字和繁体字两种字体呈现汉字，要求学生会认读汉字繁体字。2. 汉语课，即使是零基础也不教授汉语拼音。这是西班牙语言本身的特点所要求的。笔者对马自治的大学生和办公室行政人员做过调查，但他们都是从未学过汉语的西班牙人，他们可以认读60%以上的汉语拼音，所以零基础的汉语课也是直接从教授汉字的认读开始。教学证明，这对学生学习汉语基本没有什么太大的影响。3.要求中国教师的课堂教学语言一律用汉语，增加学生接触汉语的机会。4.本土汉语教师课堂用语是西班牙语。5.零基础的汉语班级很大，一个班有80多名学生，对教师是一大挑战。6.大一到大四的汉语课学生人数递减：大一80多人，大二50多人，大三20人左右，大四一般只有四五个学生。另外，在马自治，上班时间和国内上班时间有所不同：上午的汉语课最早的是从10点开始，大部分课是从12点开始，上到下午2点。午饭时间一般要到下午2点之后，每栋教学楼都有餐厅，用餐方便，食物品种多样，味道可口，价格适中。中心的教师和工作人员一般在学校餐厅吃午饭。

十个月的工作时间很快就过去了，我也留下了许多美好瞬间。我教过的100多个学生，青春洋溢，对老师都非常友好、礼貌，大部分学生很勤奋，至今一想到他们，还是倍感温馨……

作者简介

于培文，文学博士，北京语言大学副教授，曾任西班牙马德里自治大学文学院客座教授、古巴哈瓦那大学孔子学院中方院长、美国威斯康星大学访问学者。发表文章27篇、出版教材4部。

英 缘

段智鹏

如果每个国家都有属于自己的主题颜色，那么代表喜庆、祥瑞的"中国红"同样适配英国的格调。

初到英国，生活的色彩在地中海气候的晕染下雨水连绵、素雅单调。唯有那抹跳脱的红色活跃在街角巷尾——邂逅过的每一个邮筒、每一处电话亭、每一辆公交车……这些彰显着英伦气质的物件，提醒着我两年的在英汉教生活将就此徐徐展开。

——题记

前往英国任教的想法早在2015年我赴韩国泰成中高等学校孔子课堂任志愿者时就已种下。那个时候，我在自己的电脑里新建了一个名为"英缘"的文件夹，但又怎会想到自己3年之后，果真会坐上飞往英国的航班呢？

"大风车"埋下中文种子

刚到谢菲尔德的头两周，在我努力适应陌生环境的同时，新的教学挑战就已扑面而来。之所以谓之"挑战"，全因这是我首次接触到针对儿童的中文教学课堂——"中文俱乐部（Mandarin Club）"。

由于长期从事成人中文教学，刚接手课程时，我产生了短暂的教法"休克"——计划内的中文教学目标难以完成，传统课堂管理经验无法直接使用，课堂场面失控……加之，授课对象低龄化，学习目的兴趣化，教室形态非传统化……一系列问题让我始料未及。没有传统的课桌椅，铺着鲜艳色彩的地毯的活动室，让我产生了前所未有的束手无策之感。

因在职业选择方面，我曾经考虑过从事少儿节目主持人工作，并受到过相关训练。故而，在第一堂课后，我就及时调整了自己的教学方式，进行教师身份的转换，将少儿节目主持人的身份带入到"中文俱乐部"中。由此，"段段哥哥"的"大风车"中文乐园受到了这些小朋友的欢迎，我也意外收获了一批忠实的"小粉丝"。

在针对儿童的语言点教学上，我的"乐园"采取了单元话题主导的形式，更为注重教学活动的功能性，鼓励孩子们参与其中，持续引导他们产出目标句和重复练习对应话题内的生词。

为激发并保持孩子们的学习兴趣，我时常引入与主题相关的手工制作，在训练学生对中文表达形成口腔肌肉记忆（小肌肉群锻炼）的同时，兼顾锻炼学生大肌肉群。这一理论借鉴自剑桥大学和香港中文大学双语研究联合实验项目。香港中文大学语言学及现代语言系麦子茵博士在"双语研究联合实验室"项目宣讲中强调，他们在进行课程设计时注重"动口又动手"，这更为符合儿童的认知特点。我非常庆幸自己能在英国教学之初就接触到这样优秀的项目宣讲会，并将他们的经验移植到自己的中文课堂中去。

英国的中文教学依赖于本土化的教室环境和课程模式。学生能否在未来的成长阶段选择中文作为 A-level 和 GCSE 的主修课程，很大程度上取决于他们的兴趣导向。英国的小学教室环境不同于国内的传统教室，可以用"色彩缤纷"来加以概括，彩色的字母地毯、灵活的拼组式课桌椅、五颜六色的挂图、无讲台零距离……想要消解枯燥、呆板语言课的"违和感"，中文教师势必要将色彩明亮的教具和全身沉浸式的教法代入其中。所以，在处理"颜色"和"数字"这两个话题时，我用便利贴纸制作"五色花"的沉浸式中文手工课就颇得孩子们的"欢心"。重要的是，活动后，孩子们不仅可以熟练地识别、称说目标颜色词，还可以熟练地进行数字1至5的称数。加上，活动正值英国母亲节前后，孩子们把自己亲手制作的花朵送给妈妈作为礼物，也让"中文之花"走进了当地人家。

可见，培养学生的中文学习兴趣，鼓励学生课上成果产出何其重要。精美、简单的手工制品，点缀些许中国元素和汉字，渗透其中的节日特色……学生将这些课上小习作带回家中，是交给家长最直观、形象的一份"答卷"。通过中文致以节日的问候、增进亲子关系的同时，透露着人文交流的点滴温情。在这样的"感情攻势"下，不仅学生会成就感倍增，而且中文课堂也必然会备受学生家长的青睐。

"中文俱乐部"，看似游离在小学课程结构的末端和体系之外，实则关系到未来学生中学阶段的课程主修方向。这种课程设置有别于其他国家和地区，也就是说，对于其他大多数国家而言，中文作为独立学科可供选择的阶段最早也要追溯到学生进入大学培养体系之后。而对英国而言，中文课的选修问题最早则可以开始于学生的中学时代。因此，中文作为英国两大考试系统中可选、可修的外语，势必要与其他语种争得自己的一席之地。

　　语法教学方面，以最为简单的"数字篇"为例，我对于"二"和"两"的语言点辨析部分的教学设计和方法，就与以往针对成年人的教学方式截然不同。儿童学习语言，更适用于"语言习得"。在我看来，感知语言比学习语言更为重要。特别是对于一些具有辨析难度的语言点，是无法套用一板一眼的枯燥讲解的。

　　从事初级中文教学的老师们一定会碰到这样一个常见的问题——到底如何辨析数字"二"和"两"。对于成年人的中文课堂而言，这个语法点在《对外汉语教学语法释疑201例》中的讲解辨析如下：

　　　　"二"可以直接在一些名词前，表示"第二"，指具体的某一个事物。如例（2）的"二月"是说一年的第二个月，例（3）"二楼"是说第二层楼，例（4）"二班"是说一个年级的第二个班。[1]

　　但充满理性的学术语言即使已经因教学需求而加以改良，也仍旧无法适用于儿童的教学。孩子们完全没有建立基本的语法概念，对于一些专业的语法概念，如"主语""动词"等都无法领会。如果强加讲解，无异于"鸡同鸭讲"。

　　对此，我将基数词的教学潜藏于语言使用的功能化场景之中。数字本身所具有的功能性在此发挥了重要的作用。用数字称数，并结合拍手节奏的数字口令——"一、二、三四五（哒、哒、哒哒哒）"作为课堂管理的手段，不失为一个引导学生反复练习，又同时助力课堂纪律规范的良方。

　　此外，我进行数字训练时使用"中文齐步走"（学生齐步走时重复："一二一，一二一。"）、折纸"东西南北"（在制作中，引入序数词，第一、第二……在游戏中

---

[1] 彭小川、李守纪、王红《对外汉语教学语法释疑201例》，北京：商务印书馆，2004年，第33页。

加入数数环节"一、二、三……")等来强化学生对于"二"的体验。

在针对"两"进行训练时,我则使用了"数熊猫歌"(一只,两只,三只……借用 Three Little Indians 的英文歌曲曲调)和"购物表演"(一镑,两镑……)等参与性极强的形式。在这些"少儿节目化"的教学模式中,语言点得以化繁为简,教学也随即化"说教"为"体验"。

我们在学习一门新的语言的时候,常常会提到一个词——"语感"。这个概念听起来玄而又玄,不好琢磨。但其实结合上面的例子,我们就不难发现,既然我们对"语感"的体察和感受是汇于无形之中的,那么对一些语法的讲解也可以化作"春风细雨",从而"润物无声"。儿童对语言的学习,抑或是习得,无法依靠理解抽象的语法概念、照搬规整的语法结构等方式。解释主、谓、宾,区分定、状、补,这样的内容对于具有抽象思维能力的成人来说都很难参透,更何况是对于心智尚未成熟的孩童呢?这个时候,我们不妨就另辟蹊径,从学生的"语感"培养入手。

与其不停地罗列和强调"二"和"两"的区别,不如直接让学生接触到大量鲜活的语料和使用场景。特别是英国的小学生个性张扬,在课堂中更可谓是活力四射。"数字齐步走"和"数字口令"不仅能在一定程度上起到课堂规约与管理的辅助效果,更能建立和内化学生对数字的使用"语感"。而"数熊猫歌"则不仅引入了量词学习,还让学生发现并在潜移默化中掌握了计数时需要将"二"替换成"两"的语法要点。

我们对中文教学的研究,走过了从"本体语法"到"教学语法"的必经之路,但即使是"教学语法",也绝非终点。依托于"有形"的语法,我们依然摆脱不了"授之以鱼"的具象化困境,只有"心得内化",把语法融会贯通到语用中,让学生近乎自然地产出目标内容,才算是在一定程度上"授之以渔"了。

孩子的天真可爱、直白与单纯,会放大他们对中文课和中文老师的直白表达和情感反馈。你能轻而易举地从他们"喜形于色"的课堂反应中,来评估自己的教学效果。在我结束这所小学的授课任期将要离开的时候,我被这些可爱的小天使们团团围住。出乎意料的是,他们高举手里的本子、书籍,甚至自己的胳膊、校服,纷纷找我要起了签名。我永远都不会想到作为中文教师的自己,有一天也能因此过把当明星的瘾。孩子们的肯定以及他们真挚的不舍与留恋，也让我觉得之前所有的尝试和付出都无比值得。

语言教学是全年龄层次一同参与的教学，这次难得的经历让我前所未有地意识到儿童双语教育的重要意义。教学无小事，儿童中文教学更是如此。找对方法，付出耐心与关爱，中文的种子，才不仅仅是被埋下，而是被种植。

"学问"不辩不明

与当地教学点的课堂截然不同的便是谢菲尔德大学夜课。参与夜课学习的学生多为在谢菲尔德大学任教的教授和讲师，他们对于中文的学习完全源于兴趣，且其均为成年人，学习动机较强。因而，我的教学风格必须要完全颠覆并与之适配。

得益于这个群体对学问孜孜以求的特点和不求甚解的精神的同时，我也不得不承认，他们的课程讲解难度在于需要事无巨细地回答和讲透一些原本不需要在初级中文课堂上给予关注的知识点。不管课前准备得多充分，我偶尔也还是会被"挂"在讲台上。这也给我带来了新的挑战。

一次课上在我讲解了"几岁"这个语言点之后，有一位学术背景为语言学的教授对课本中使用"几"的范畴进行了质疑。他发现"几"可以被用来询问牙齿的数量，但我们知道，牙齿一定是多于十颗的，这与书上"<10"的解释也产生了出入。在日常生活中，当我们询问一个人的年龄时，也常常使用"你今年几岁"或者"你今年多少岁"，并且这也不会给听者带来语用上明显的不适感。

的确，这个语言点的讲解出现在《HSK标准教程》（第1册）的第五课和第八课中。书上的解释为：

> 疑问代词"几"用来询问数量的多少，一般用于询问10以下的数字。例如：你女儿几岁了？
>
> 疑问代词"多少"用于询问10以上的数量，"多少"后边的量词可以省略。

为了使学生能够清晰地分辨"几岁"和"多少岁"，我查阅了大量的资料，通过简化教学语言，将他们的区别形成文字讲义，提前发给学生。

讲义部分：

"几"和"多少"

Both can be used to ask about an amount. When "几" is used before a noun, a measure word is needed in between; while "多少" is used right before a noun.

For example: 教室里有几个学生？

教室里有多少（个）学生？

"几" is usually used to indicate a number below 10 or a small amount when you ask the question.

For example: 你的宝宝今年几岁？

你嘴里有几颗牙？

"多少" is usually used to indicate a number above 10.

For example: 手机多少钱？

你今年多少岁？（It is unnatural, but it can be understood.）

"多大"

"多" is used in questions as an adverb to indicate the height, weight or distance.

For example: ——衣服多大？——XL。

你今年多大？

你的儿子今年多大？

您今年多大（年纪）？

"多" is also used in exclamations to indicate a specific extent.

For example: 贝克汉姆多帅啊！

我采用了这种类似"翻转课堂"的模式，于课后布置思考问题，并在下节课进行教师主导式的梳理和讲解。这种引导学生独立探索式的"教—学—研"的方式，既符合学生求索、探究的需求，同时也能培养学生学习动机和调动学生的学习积极性，符合他们的研究性学习特点，因而广受这些"学者型"学生的好评与肯定。与学生良性互动也会常常引起我自身的学术性思考，使我为自己日后的研究积累了大量有待探讨的课题。

　　这个示例引导我们再次深思"三教"问题的关键一环——对教材的使用和解构。用"权威"去定义一部词典都有待考究，更何况是教材？再规范、全面的教材也无法"放之四海而皆准"地适用于所有的教学场景，特别是我们还要面对教学对象多样化和国别性等问题。

　　我们在教材编写的时候需要考虑到学习者的学习阶段和实际水平，所以对于一些问题的阐述和解释只能是点到为止。话虽如此，但这也并不意味着我们的讲解完全依托于"篇幅有限"的教材，也要一概浅尝辄止。针对不同的教学对象，我们需要考虑他们的学习动机、学能情况等诸多要素，从而适当地简、省或是扩充教材的内容。

　　作为教学活动的主体，学生的需要才是我们选用材料、呈现材料内容的关键出发点。对谢大孔院夜课的"学者们"来说，HSK1级教材内的语法简述已经难以满足他们的"胃口"。再加上他们本来就具备的研究素养和学术底蕴，教师只是完成"规定动作"，很难得到他们的"难度分"，也就无法获得他们的认可。这个时候，教师只有适当补充讲解，实际应用"N+1"理论，开展双边对话与问题探讨，才能最终实现理想的教学效果。

"熊猫"还是"胸毛"

　　在英国工作期间，我还负责了谢菲尔德大学孔院特色语言交流项目"汉英角"的周例活动。某次以"读书会（Book a Book）"为主题的活动中，两个学生间有趣的对话，让我偶然找到了纠正英国学生二声发不准的"老大难"问题的方法，而且屡试不爽。

　　聊天中的英国女孩叫 Yasmin Skelton，是个面带稚气、大方可爱的阳光小女生。她常常光临"汉英角"，在短短的四年中文学习中，这个女孩不仅成功通过了HSK3级的考试，还在A-Level的中文课程考试中取得了A+的优异成绩。英国的A-Level课程，全称为General Certificate of Education Advanced Level，是英国的高中课程，A-Level考试就像中国的高考一样，是英国大学的入学考试，A+表示最高等级，其难度可想而知。

在她就读 PRE-U 的第一年，按照学校要求，每个学生都需要通过一个拓展项目（Extended Project Qualification），即完成学年论文或者设计一个作品进行展示，这需要耗费学生很多的时间和精力。"我喜欢有创造力的学习，所以我选择制作一本中文教材，因为这是我自己的作品，所以更有意义。" Skelton 一边讲述她的创作思路，一边向其他活动参与者展示着她设计的那本色彩斑斓、配图生动的手绘中文教材《大卫学中文》。书中精妙绝伦的手绘插图给人留下了深刻的印象。

"最初，我有很多种设计方案。我结合自己过去的语言学习经历，来重新安排这本教材的内容。我教材中的话题顺序更适合像我这样的中文自学者。比如我的第一课是'打招呼'，这是一切语言学习的开始。考虑到中文的特殊情况，我觉得有必要在第二课的时候就建立起学习者对于汉字和部首的概念认知。同时，我觉得从一开始，我们就应该掌握笔画和笔顺。'自我介绍''数字''颜色''日期和时间'等话题也是初学者所必须掌握的，因为我们从小的英语学习也是参照这样的顺序。我觉得设计中文教材的时候也可以加以借鉴。而从'家人''宠物''美食''爱好'等这种充满生活画面感的场景开始谈起，也很容易让你和朋友打开'话匣子'。我觉得我的教材与其他教材相比更适合英国当地的中小学。"她自信满满地介绍到。

在谈到自己教材中贯穿始终的卡通主人公熊猫"大卫"时，她向我们表达了自己对熊猫的喜爱："熊猫是一个非常中国化的形象，我很喜欢熊猫，它憨态可掬、可爱友好。我想让它带领人们走进中国，了解中国。"

另一个英国学生随声附和道："我知道'胸毛'，panda。"

Yasmin 纠正道："是'熊猫'，不是'胸毛'。Please try to pronounce the first character with the tone of a general question."

"OK. Is this a panda? 熊？"

"Bingo。"

就这样，这个几乎没有洋腔洋调的英国小老师，使用了英语中存在的一般疑问句语调成功地纠正了一个语音内的系统偏误。

她之后向我谈起自己克服二声发音系统偏误的时候侃侃而谈。因为和别人谈论自己最喜欢的中国吉祥物熊猫，她曾闹出了不少的笑话。那时候她也常常"熊猫""胸毛"傻傻分不清楚。

在英语中，表示一般疑问的时候，比如"Is that your pen?"句末语调会呈现出与中文二声发音相似的音轨。所以用英国人母语中存在的这个有利因素，带出并引导他们训练汉语的二声，会收获较好的效果。

后来，我每每在中文课堂中用到这个方法，都会想起这个阳光小美女的"熊猫"和这个小小的插曲。

对于母语背景是英语的中文二语学习者而言，四声的教学无疑是极具挑战的。特别是面对低幼的儿童学习者，更是难上加难。如何讲解四声的音值？如何描述四声的语音面貌，并使其简单易学？这些问题亟待解决。结合风靡世界且源自英国的《哈利·波特》和巫师文化，我将"声调魔杖"的概念代入到中文课中。

学生同老师一起挥舞手中的铅笔（即"魔杖"），口中重复、模仿对应的四大咒语（即"声调"），寓教于乐的同时也能全面调动起课堂气氛。作为"中国魔法师"，我还会详细传授给学生这些"魔法"的"口诀"：

一声：像个机器人

二声：问号心中绕

三声：下去又上来

四声：生气 going down

这种结合本土特色的声调教学和纠音方式，不仅在孩子们中间备受欢迎，而且即便是施用到成人声调纠正上，也十分见效。此外，"魔法教学法"还可以推广使用到汉字笔画教学中。

"书空"是汉字习得中必要而规范的步骤，特别是对这些非汉字文化圈且长期使用字母文字的学生而言，更是不可或缺的关键一步。在2019年末孔院开展的汉字课上，我也会让学生拿起手里的"魔杖"跟我一起按照笔画顺序在空中挥舞，同时大声说出对应汉字的读音。学生通过这种"放大化"的书写体验，更容易对汉字这种二维文字（英文属于线性文字）的字形结构、笔画次序产生清晰而明确的认知并形成肌肉记忆，这样就能一定程度上规避掉他们在日常书写中出现的倒插笔、漏笔、添笔等常见的书写问题。

传说人类联合起来兴建能够通往天堂的高塔，为了阻止人类的计划，上帝让人类说不同的语言，让他们相互间不能沟通，人类的计划因此失败，通天塔瞬间崩塌，人类各散东西。

但如今却有越来越多的人像 Skelton 一样，通过语言去感触文化的质地，连通温存的情感。语言可以穿越时间的长河，突破地域的桎梏。前路漫漫，秋叶随时间泛黄，但绿意又将革新。愿这个在中文学习道路上默默前行的阳光美少女，流年笑掷，未来可期。

"后花园"与再议"本土化"

教学本土化和国别化的问题一直都是学界关注的热门话题。因而，在教学生活中，我非常珍视每一次与当地教师的沟通对话机会。在2019年谢大孔院下设华裔学校——星星中文教学总结年会上，我认识了《嘟嘟的后花园》系列中文教学丛书的作者陈珊老师。与她的对话再次引发了我自身对"本土化"的理解。

陈珊老师的教材里充满了妙趣横生的中文故事，配以精美的手绘插图，受到了英国当地学校的青睐。这套在陈老师"后花园"里"土生土长"的中文书系，植根于英国的土壤，芬芳于当地孩子们的心田。花不会一夜之间开满花园，关于这套丛书背后的故事，请容我慢慢道来。

教授中文伊始，陈老师就极其重视培养学生学习中文的兴趣和自觉性。在她看来，让孩子们先喜欢上中文和中国文化，要比学会说几句"你好""谢谢"意义重大得多。所以，在陈老师的中文课堂里，孩子们不是从a、o、e这样的拼音开始学起。她常常适时地引入汉字故事、成语故事等，寓教于乐，满足了孩子们对中国文化的渴望与好奇。

陈老师的课上，常常充满欢声笑语。孩子们最开心的就是能参与到一些中国故事的表演之中。因而，像"嫦娥奔月""梁祝"这些中国民间传说，在她的班级里也就变得耳熟能详了。陈老师在儿童语言教学方面，一直强调兴趣的重要性。她发现从讲故事、演故事入手，会在很大程度上提高儿童学习语言的参与度，保持他们的学习动力。

中文教学离不开优秀的教学材料。慢慢地，陈老师发现，当时英国的一些中文教材并不十分适合孩子们的学习，有些内容中英差距极大。因此，教学用书就变成了她需要解决的首要问题。陈老师抛开手头已有教材的桎梏，开始根据教学实际，自己动手编撰一些教学材料。这也成了《嘟嘟的后花园》的雏形。进入2000年，中文教学在世界范围内蓬勃发展，市面上优秀的中文课本也层出不穷。陈老师开始常常使用像《快乐中文》这样的儿童中文教材。但是她也逐渐意识到，这些产生于中国本土的语言教学丛书，在某些方面会产生"水土不服"的情况。

陈老师因此更加坚定了自己编撰适配英国本土的故事性中文教材的决心，她认为培养儿童对故事阅读的兴趣有着深远的意义。虽然孩子们现在可能还不会流利表达，但因为兴趣使然，他们会持续在阅读中提升能力，积累词汇。未来一进入中文环境，他们就会顺利度过语言沉默期，自然开口产出语言。

此后，陈老师通过大量收集和阅读现有的图书材料，博采众长，并结合英国当地的文化背景开始了初期的图书编撰。她殷切地希望自己的学生能够尽快拥有一套比较适合他们使用的中文课本，甚至是阅读读物。陈老师根据自己家后院发生的故事，紧抓小朋友对世界充满探索欲和好奇心的特点，将"后花园"这个对当地儿童来说再熟悉不过的文化环境概念植入书中。这些故事本身还具有一定的小科普文特点，常常关涉到一些后花园里的自然小知识，比如草莓怎么生长、鼹鼠怎么过冬等。

陈老师还考虑到英国儿童有家长陪伴阅读的习惯，在书中加入了英文作为引导。不仅兼顾了故事的趣味性，还有利于增进亲子关系。语言的学习就在这种良性的互动中，潜移默化地得到了升华。"一个后花园对于英国的小孩子而言，是一方他们再熟悉不过的小天地。这里孕育了无数温暖美好的小故事。"通过学习《嘟嘟的后花园》，孩子们找到了文化认同感，进而对中文学习产生并保持强烈的兴趣。他们在故事中流连忘返，学有所得。

一花一世界。留心生活，启蒙语言，滋养文化。陈老师借英国中文教学之土壤，绽放语言之花，孕育文化硕果。让中文教学诞生在英国自家的"后花园"中。

儿童的认知水平有限，对于很多现有课本中出现的跨文化现象无法代入理解。很多教材中的语料都尽可能地贴近于中国人的日常生活，这里的学生学习后，在英国缺乏语言使用环境，因而，即使他们学习了很多年的中文日常用语，也会一直处在只能说"你好""谢谢"的初级阶段,甚至还会因此丧失语言学习热情。我们常说"兴趣是最好的老师",在英国的语言教学,必须要考虑根植于当地的土壤,从培育学习兴趣这颗种子做起。永远重复的"你好""谢谢"无法成为学生持续学习中文的内在动因。通过讲述具有中国特色的童话、寓言和成语故事,甚至是创编探索当地环境的中文科普小文段,才能在孩子们小小的心田扎下坚实的中文根基,以待来日开花结果。

陈老师编写的教材故事引起了我们对于"本土化"概念的再理解,以及对这个概念边界的探索。"本土化"绝不仅仅是单纯地翻译教材,更不是教几句我们想象中的生活常用语。而是真正从学习者的个性、特性和需求出发,利用好语言教学的通用方法,适配教学所处文化环境,私人订制,从而激发学习者在本土环境中保持语言学习的稳定动机,使得他们即便是在非语言环境中学习语言时,仍然可以获得沉浸的学习体验,消除语言学习的边缘感、陌生感,进而增强其文化和学习身份的认同感和代入感。

"疫"口同声,以"爱"共赢

2020年对全世界而言都注定是不平凡的一年。一场突如其来的新冠肺炎疫情席卷全球,随着后来英国新冠肺炎疫情的蔓延,我们这些一线中文教师在做好日常疫情防护的同时,也在积极拓展新的教学思路和方法,因地制宜,应时而变。

作为中英文化使者的一员,我在2月底便以"口罩"的跨文化现象作为切入点,在当地一所小学的孔子课堂上组织进行了"DIY口罩卡片"制作活动。这堂"应运而生"的中文课在消除当地学生对口罩文化误解的同时,也提高了他们的自我防范与保健意识。

我不仅结合中国在本次疫情防控中的经验,向孩子们详细介绍了防控的基本方法,还带领他们制作"口罩卡",为世界人民加油。孩子们纷纷通过卡片表达了他们对疫情的关注及对世界人民的殷切祝福。一位女孩这样写道:我爱全人类,我不爱病毒。

口罩隔绝的是病毒,而非人情关爱。山川异域,风月同天。病毒面前,世界人民只有携手并肩,加强合作,协同防控,才能共渡难关。借此机会,我也郑重向所有战斗在抗击新冠肺炎疫情一线的医务工作者和社会各界人士致以最崇高的敬意，并为祖国医护人员不畏艰苦、共赴时艰的防疫工作点赞。我们这些工作在海外的中文教师将始终携祖国人民之手，并世界民众之肩，坚定信心，同舟共济，共同打赢这场没有硝烟的战役。

美国著名儿童语言教育学家海伦娜·柯顿（Helena Curtain）在其著作《美国中小学外语课堂教学指南》中强调了文化构建的教育观：文化的概念是"构建"而非"传输"的。因地制宜，因时制宜，因人制宜。设计实施这次主题中文课的经历也给我带来了更深的反思，同时也使我更加深刻地理解了柯顿书中的这句话——"语言教学的本质是文化与观念的建构"。

体验学习好于被动接受，建构文化观好于单向的说教与宣传。我们的语言教学是促进世界人民人文交流、心灵相通的纽带，亦是桥梁。语言具有力量，文化直抵人心。这些参与中文学习的孩子，能够对中英文化差异和文化理解拥有更好的体验和参悟，对他们多元融合的文化观和世界观的建构也具有重大的意义。

直播新感觉，"云端汉英角"

这场突如其来的新冠肺炎疫情席卷全球，谢大孔院的文化活动也受到了不同程度的波及。作为孔院"汉英角"文化交流项目的负责人，在"汉英角"转向"云端"后，我逐步将"直播"的方式引入活动设计，并取得了令人满意的效果，获得了参与者的一致好评。

由于"汉英角"活动具有多人、同步、共时的强互动特点，参与者多数情况下需要成组探讨，转为线上开展的难度可想而知。如何在不破坏活动氛围的同时，既保证参与者的充分交流，又能使线上发言有条不紊、充满秩序，这成了我开展活动的新思路和新挑战。

如今各类线上直播火爆网络，我也因此受到了启发，"中英美食吃播会"便应运而生了。活动成员可以在活动前预先准备好自己要"直播"的食物，在视频交流中，一边进餐，一边进行美食品鉴和介绍。通过依次发言和问答环节，成员之间不仅可以了解对方的饮食文化，还对"食物"专题下的词汇进行了全面的梳理和学习。

作为活动的组织者和参与者，我在活动中在线"烹调"并"吃播"了自己制作的"中式田园咖喱海鲜盖浇饭"。不仅为成员们介绍了这道美食的制作过程，还对"煮""炖""炒"等与烹调相关的词汇的用法进行了讲解。此外，我还将筷子的文化加入其中，比如，展示解析中、日、韩筷子的区别，及为何中国的筷子一端设计为圆柱体，另一端设计为长方体。通过前期的问题铺垫，后期的揭秘答疑，中国文化中"天圆地方"的传统概念得以传达。中国的饮食文化和餐桌礼仪在"吃播"中"润物细无声"地传播开来。整个直播交流过程妙趣横生，轻松愉快。我也因此打开了下学期的"汉英角"活动设计的新思路。

新冠肺炎疫情给中文教学及文化活动的开展造成困难的同时，也给我们带来了新的思考角度和探索空间。无论是语言教学，还是文化活动，我们都可以在兼顾传统的同时，合理利用技术革新并紧跟时代潮流，使其焕发新生。

"后疫情时代"已经开启，语言教学面临着全新的机遇和挑战。Tik Tok、Vlog、Zoom、Blackboard……各类社交应用及远程技术如雨后春笋般集体涌现，如何借由这些新兴的媒体和传播途径带来的"东风"，助推中文语言线上学习，促进人文云端交流？这一问题将继续引领我们在全新的时代背景下不懈求索。

时间看得见

英国近四载，时间煮雨，绵绵如逝。在这样的岁月中，我找到了自己的节奏和时区，不倍速亦不慢放地展开了自己30岁的人生。我曾惶恐于30这个数字——它代表了未来的遥不可期和过去的已成定局。

以《英缘》为题来命名这段时间，对我来说意义斐然。从我过往常挂在嘴边的那句"没时间了"，到现在从英国人嘴边学会的这句"It takes time"。30岁的收官，我用这段赴英公派教学与工作经历，从新的文化观感审核过往，启程前途。不论师者，抑或学者，语言教学教会了我们——时间看得见。

不论未来身在何处，时间都将成为最好的说明。因为，它让我们看见自己为何而来，因何而至，往何而归。

作者简介

段智鹏，北京语言大学孔子学院事业部/教师培训中心项目官员、专职教师。现公派英国谢菲尔德大学孔子学院任教，曾赴俄罗斯布里亚特国立大学孔子学院、韩国泰成中高等学校孔子课堂开展汉语教学。北京语言大学汉语进修学院2014—2015学年度"优秀外聘教师"，2015—2016年度优秀汉语教师志愿者，首届"孔子学院杯"汉语国际教育专业硕士教学大赛冠军，第二届"汉教英雄会"优秀导师，北京语言大学2021年度优秀外派教师。

联合国纽约总部教学散记

岳 岩

说起联合国纽约总部，总觉得这是个耳熟能详的遥远地方。它是世界上最大的国际组织，有193个会员国，肩负着保卫健康地球上的和平、尊严与平等的使命，讨论的是气候变化、难民与移民、反恐行动、宗族灭绝、非殖民化等全球议题，这些都让我感到神圣而陌生。2013年6月，当我从清华大学博士后出站前申请做汉办公派教师时，在岗位列表中不经意间瞄到了它，心中一动，便在申请表中勾选了它，可一度没有消息。7月入职北京语言大学以后，原本是要被派去罗马尼亚的，但中间各种变化，最终被派往联合国纽约总部。我那会儿才知道联合国纽约总部的公派教师岗位比较特殊，只有北语的老师才有资格被选派。这中间的一系列折腾竟然实现了我之前的愿望。或许我与联合国的这段奇妙缘分是冥冥中注定好了的吧？紧张地办完了一系列烦琐的手续后，2013年9月1日我踏上了美国的土地。

联合国教学之初体验

虽说我从2004年就开始从事对外汉语教学，教授过来自多个国家、多个年龄段、多个社会层次的各界人士，已经积累了比较丰富的教学经验，但是在联合国教外交官还是第一次，尤其我又想到自己站在这方国际土地上，一言一行都代表了中国形象，所以我第一次进入课堂前内心特别忐忑。那是在UN Plaza二层的一间不太大的教室里，教室布置得比较简单，条件设备远没有我想象的高级豪华。快12点时，十几位学员鱼贯而入，男士西装革履，女士套裙翩翩，一股成熟、专业的外交office风即刻弥漫在教室里。他们礼貌性地向我点头、微笑、问好，和善的气氛一下子让我的拘谨感少了一半。课程进行得很顺利，虽然每个人的学习基础和能力参差不齐，但他们眼神中都透露出对汉语知识的渴望和热爱。下课时，一位菲律宾的女士激动地用英语说："怎么这么快就下课了？以前我上课的时候，总是看手表，觉得时间过得很慢，今天时间过得好快啊，谢谢你的汉语课。"其他的学员有的向我鞠躬，有的来跟我握手，搞得我一时不知所措。说实话，像这样下课时如此正式地表达感谢的场面，我还是第一次接触。这时一位来自以色列的学员笑嘻嘻地走上前来，用英语对我说："岳老师，你的课上得很好，但是你还是有点儿紧张。你要放松，我们不是大学生，我来学习汉语是因为有意思，不是为了考试，也不为了拿什么证书。我的工作太累了，每次来上汉语课让我觉得放松。所以你也要放松，不要紧张。"我惊讶于这位学员的坦率和犀利的眼光，虽然我凭着 20 年的教学经验和强大的亲和力，尽量掩盖了内心的忐忑，但生怕说错一个词或一句话就影响自己所代表的中国形象而产生的小小紧张感，还是被他捕捉到了。虽然汉语老师是他们学习汉语、了解中国的一个窗口，老师希望能在课堂上尽善尽美、准确无误地讲解，但偶尔有点儿口误，甚至出个丑也是正常的，这不仅不会影响到他们心中的中国形象，反而让他们觉得面前的中国人更真实、自然、可爱。有了第一次课的经验后，我在随后的课程中愈加游刃有余，我和我的学员们不仅是师生，更成为了朋友。我们彼此尊重、彼此包容，在课上共同学习语言、探究文化，在课下一起参加丰富有趣的中国文化活动，可谓"其乐融融学汉语，趣味无穷探文化"。

"享受过程"还是"分分必争"

很多人都容易把中文组和中文处混淆起来，其实中文处是联合国里负责中文笔译的部门，而中文组则负责教汉语。联合国里为什么会有专门教授汉语的部门呢？我们知道联合国共有 6 种正式语文（也称"官方语言"），分别是阿拉伯文、中文、英文、法文、俄文和西班牙文。联合国一直提倡语言的多样性，会员国代表团的代表们（也就是外交官）可以用任何一种联合国正式语文发言，并由口译员同声译成联合国的其他正式语文，而且大多数联合国文件都使用全部 6 种正式语文，并对原始文件进行翻译。多种语文使得拥有不同语言和不同文化的联合国会员国在联合国会议室或会议厅里能自由地交流沟通。为了响应语言多样性，并满足驻联合国的外交官和联合国职员职业发展的需求，联合国秘书处的人力资源管理厅中下设了学习中心（United Nations Learning Centre），其中就包括中文组。中文组主要提供两种课程，一种是普通课程，分为一级到九级；另一种是选修课，专注于语言的某一个方面，比如口语、听力、汉字或阅读。全年分为三个学期，每个学期约有200名学员注册。这些学员的来源主要有三类：一类是驻联合国各国代表团的代表们，也就是我们常说的外交官；一类是在联合国工作的国际职员，按照他们的职级类别分为一般事务性人员（General service）和专业职员（Professional），也称国际公务员，具体分为初级专业人员（P1-P3 level）、中级专业人员（P4-P5 level）和高级专业人员（D1-D2 level）；还有一类是退了休的联合国职员。对于外交官来说，他们更多出于工作的需求来学习汉语和中国文化，因此学习认真，对自己也严格要求，只要不出差、不开会，他们一定会准时来上课。可是联合国是全球最大的"会场"，每天有成百上千场大大小小的会议，特别是每年9月联合国大会期间，全联合国的人几乎每天都穿梭于各个会场，所以外交官们很难保证来上课的时间，学习进度自然会受到较大影响。至于联合国的国际职员，他们学习汉语的原因十分多元，有的出于工作需求，有的出于对中国文化的兴趣，有的是把学习汉语当成一种挑战，有的是把学习汉语当成工作间歇的放松和享受。而退休了的国际职员则把学习汉语当成生活中非常重要的一部分，由于他们的时间可以自由支配，因此每次上课前他们都早早候在教室外面，下课时也会问各种问题，迟迟不肯离去，他们的学习态度最认真，作业完成率也最高。这三类人群同处在一个班里，年龄、职级、地位、国籍、文化、语言背景、性格、习惯、学习动机各不相同，组成了非常复杂的人文环境。如何针对这些不同人群的学习特点和个人特点，照顾到他们不同的学习期待和学习需求，做到因材施教呢？首先，我会先从名单上大概了解一下学员的国籍、工作性质和职级，并向其他老师咨询教过哪些学员，了解他们的脾气性格、学习态度、汉语水平、文化禁忌等，做到心中有数。然后我会根据他们的工作性质、上课时的反馈，在备课中做普遍性内容和个性化内容的准备，既讲授普遍性的语言知识、文化知识，又补充外交领域的语言知识和深层次的文化内容，让大部分的人都能找到他们感兴趣和对他们有用的点。在问题的设置和互动环节尽量做到定制化，精准地投放问题可以激发学员的兴趣，并让他们在合适的水平上有的说、愿意说。另外，在课堂上也要把握好课堂节奏，既要稳步有序、环环相扣，不给学生走神的机会，也要照顾到退休人员的反应速度。对于因出差缺课的学员，我总会提前跟他们约好时间给他们补课，尽量让他们赶上学习进度。因为身处国外，他们没有可实际操练的语言环境，为了保持他们的学习动力和兴趣，我就充分利用视频、图片等各种多媒体形式帮助他们认识和理解，建立微信群，交流学习资源、讨论语言问题、文化活动情况，并带他们去中国城购物、吃中国菜、参加中国文化活动，帮助他们将语言的学习与实际生活关联起来。他们总表现出对我的敬佩，也常常对我的付出表示感谢，其实在我心里，我更由衷地敬佩他们，也感谢他们。因为中文组的所有课程集中在中午12点至下午3点，每次课一个小时，或下午5点半到晚上7点，这是学员的午休或下班时间。对外交官和联合国的职员来说，他们一般要牺牲午休时间，有时还饿着肚子来上12点至1点的课，下课之后匆匆吃点东西再回去上班。如果实在来不了会提前跟我请假，并表示抱歉。而退休人员一般在六七十岁，每次为了一节汉语课从家里坐火车或坐地铁来到总部，不论刮风下雨都准时上课。我想，如果不是因为他们对汉语和中国文化真的感兴趣，学有乐趣，学有所获；如果不是因为他们长期以来保持着自律、坚韧、认真、敢于挑战的风格，他们是万万不能如此坚持下来的。因为对于印欧语系的人来说，汉语的确非常难学。美国外交学院曾将语言根据难度分成四类，其中最容易的语言是法语、西班牙语等，而中文、日语、韩语、阿拉伯语等属于最难的那一类。母语为英语的人学法语、西班牙语600个小时即可达到熟练程度，而如果学习中文，则需2200小时才能达到熟练程度。所以虽然中文课程跟其他五种语言一样，都根据欧洲语言共同参考框架设定了9个等级，但是由于总体上课时间有限，再加上学员工作繁忙时常旷课，课程很难推进，因此即使上完了9个级别，也很难达到与其他语言相同的水平。好在我们的大部分学员都非常理解，也不急于求成，相比于达到较高的汉语水平，他们更享受学习的过程，在课堂上尽情享受中国文化的滋养并感受汉语的魅力，从汉字、语言里了解中国人的思维方式、风俗历史、伦理道德、民族智慧，了解中国的古老文明和当代风采，对他们来说，这已足够。

不过，对有些学员来说，熟练、准确地掌握汉语是他们孜孜不倦的追求。我记得七年级班里的一位学员，他那时是联合国秘书处礼宾司司长，经常陪潘基文秘书长出席各种重大活动。他时常出差，但每次来上课时都非常准时，一身笔挺合体的西装，拿一个文件夹，笑容可掬，非常绅士，上课的时候一丝不苟地听讲、记笔记，每次考试都名列前茅。可是有一次他来找我，认真地问我："岳老师，我在以前的班上，每次考试都是 100 分，可是为什么在你的班上考试从来都拿不到 100 分？您对我有意见吗？"我听完愣了一下，笑着对他说："您认真的学习态度非常让我敬佩，我很荣幸成为您的汉语老师，对您也没有任何意见。您现在拿不到 100 分是因为现在学的东西比以前更难了，说明您还有进步的空间。您希望我对您严格要求帮您进步，还是因为您身居要职就盲目表扬您呢？"他看我说得非常真诚在理，突然有点不好意思。他说："我当然希望您对我严格要求，继续进步了。"我会心一笑，跟他约好时间，就他试卷中的错误和学习中的疑惑进行了单独辅导。两个月后的一天，我们刚下课，一开门，他站在教室门外，非常礼貌地跟我解释，因为最近出差耽误了上课，感到非常抱歉，但是他把我之前布置的作业都做完了，并拿来请我检查。我打开一看，作业密密麻麻地写在几张纸的背面，纸的正面竟然是在人民大会堂参加招待会的议程表。看到我惊讶的样子，他连忙解释说："这是前几天陪同潘基文秘书长出访中国，在人民大会堂参加活动的议程。因为行程紧张，一直没有时间写作业，只能在回程的飞机上挤出时间写作业，当时找不到其他纸，就写在这些议程表的背面了，实在抱歉。"我被他分秒必争学习汉语的精神所感动，请他坐下后，认真检查他的作业并帮他分析作业里的问题。他开心地告诉我，这次出访中国的人员中，只有他会说汉语，并在整个出访过程中发挥了很大作用，还得到了习主席的表扬，他觉得很有成就感，特别感谢我对他的严格要求和一视同仁。看着他诚恳、开心的样子，我感到非常欣慰。虽然他在联合国的工作职级很高，但在汉语学习上，也会表现出小学生般分分必争的好强心和努力后得到表扬的喜悦与满足。我觉得，不论是外交官还是联合国的高级专业人员，虽然他们职级高、资格老、地位显赫，但在他们面前，我们要不卑不亢，既要尊重他们，顾及他们的面子，又要春风细雨地表明自己一视同仁的原则和立场，还要尽己所能、有针对性地给予他们帮助和鼓励。良好的沟通、真诚的付出可以让他们由衷地尊重、理解我们，并更好地带着敬畏心、进取心学习汉语，永葆学习的热情和动力。

从文化的角度理解语言事半功倍

在中文组，无论我们的学员在年龄、职级、文化背景、学习动机上有多么不同，他们的职业素养和严密的逻辑理解能力都非常强，对汉语的语法也都有浓厚的兴趣。在学习中，他们往往不仅要知其然，还要知其所以然。比如汉语的基本句型"主语＋时间副词＋地点副词＋动词＋宾语"对他们来说就是个普遍的难点，时间副词可以放在句首比较好理解，因为很多语言中的时间副词都可以放在句首，但是时间副词和地点副词的前后顺序，特别是地点副词要放在动词的前面这一点，他们常常弄错。开始时，我使用对比分析、偏误分析、归纳总结等方法帮他们理解这个语法结构的特点及与英语的差别，并试图通过精讲多练的方法让他们不断练习掌握。虽然学的时候效果还可以，可是整个语法结构，特别是各语法成分的语序关系，总是无法扎根到他们的脑海里。他们有时着急时还会抱怨：为什么汉语的语序这么奇怪，为什么不能像其他语言一样把时间和地点副词放在最后？我非常理解他们的痛苦和抓狂，心想如果只从语言的角度进行讲解，总有让他们死记硬背之嫌，还得另辟蹊径，通过挖掘背后的逻辑意义，帮助他们理解和掌握。于是我告诉他们，中国文化特别讲究"天时、地利、人和"，这在古代是指作战时的自然天气条件、地理环境和人心的向背，这三要素合适，就能作战胜利。后来从作战延伸到成功之路的一切，"天时"指成功之路的机遇，"地利"指成功之路的环境和条件，"人和"指成功之路的综合实力。而这三要素的重要性就按他们的先后顺序来排列，也就是时间、地点和人。这样就把"天""地""人"看成一个整体，三者是和谐共生的。一个人想做一件事情，能否做成，很大程度上要取决于"天"和"地"这两个因素。也就是说，如果天气时间、地理地点条件不合适，那就不一定会发生人想做的事情了。比如在句子"我今天下午1点在联合国总部上课"中，人的动作是"上课"，这里的时间副词是"今天下午1点"、地点是"在联合国总部"，试想一下，如果是下午3点，你会有时间来上课吗？不会，因为那会儿你们有会。如果不在联合国总部，在中央公园，你们能来上课吗？不会，因为太远了。所以，只有当时间和地点对你都合适的时候，才会发生后面"上课"这个动作。所以中国人做一件事以前，一定要先看看天气、时间、地理环境是否合适，所谓"三思而后行"，如果合适，再做这件事就会顺理成章，也会达到事半功倍的效果。所以这样的思维方式反映到语言上，就变成了"时间副词＋地点副词＋动词"的顺序。学生们被我这么一讲，纷纷听入迷了，他们不住地点头称赞："中国人太有智慧了！天时、地利、人和！难怪这个语序跟我们的不一样，真有文化！"虽然这个语法的语序结构，来源于各个语法成分在历史中的语法演变，但对学员来说，他们并不需要知道各个语法成分的具体演变历史和途径，我们也不需要给他们讲述汉语史的本体研究过程和结果。除了从语言本身的结构和特点出发外，从汉语和汉民族思维方式相互投射的文化视角对其进行解释和引导，更容易让他们理解并产生兴趣，并且记得牢固。

混合式教学是否得到青睐

在联合国，除了能充分感受到语言、文化、思维方式的多元与丰富、交织与碰撞，还能感受到人们对"学习"孜孜不倦的追求与创新。联合国系统始终认为，他们的主要资产是工作人员，学习是提高工作质量和效率不可或缺的方式。学习开发新的知识和技能，获得新的能力，是各组织及工作人员适应竞争激烈和不断变化的环境的必要条件。对联合国系统来说，学习是一种变革力量，可以打破各自为政的局面，促进机构间合作，创造协同效应，提高资源使用效率。由于联合国里的工作人员经常出差，且工作调动频繁，所以为了充分利用空间资源，工作人员的固定工位逐渐被联合办公空间式的流动工位所取代，很多人也可以选择在家远程办公。因此，为了适应这种变化，再加上分布在全球各地的联合国机构的工作人员对语言学习的需求，联合国语言学习中心便开始探讨混合式教学模式，融线上教学和线下面授为一体，而我也很幸运地成为中文组中第一个参加培训并付诸实践的老师。在与俄罗斯语、法语、英语、阿拉伯语、西班牙语老师的多次交流中，老师们纷纷展示出他们使用的在线学习平台和在线教学资源，并分享他们的教学心得和遇到的各种问题。我发现混合式教学模式真的非常适合联合国系统内的语言教学。首先，由于学员频繁出差、开会或者远程办公，通过线上平台将学员们聚在一起，可以打破时空的障碍，方便他们在家、办公室或会场随时随地加入课堂，并且观看课程回放，从而在很大程度上节省了时间，并保证他们的学习进度。其次，同处一班的学员，由于其语言文化背景多元、身份职级性格不同、学习动机和态度多样，因此混合式教学可以更有针对性地解决不同学员的学习难点，将有限的课堂时间延伸到课下，帮助学员根据他们的需求和特质（个性和能力）自主学习。比如我的一个班里有来自同一使馆的几位学员，其中年轻的、职级低的学员比他的上司学得好，可他不好意思积极回答问题，表现真实水平，他的上司也碍于面子不问问题。有了线上教学后,他们可以在课堂上随时自由地私信我问题或回答问题,我也可以有针对性地给予他们解答和指导。第三,这种模式也方便了身处联合国内罗毕办事处、维也纳办事处等地的学员,由于他们那里没有或缺乏汉语课程,通过线上学习,他们可以不受时差限制,享受到跟纽约中文组学员同样的学习资源,同时针对他们的"线下面授"也改为了一对一的"线上面授"。不过,任何事物都有两面性,混合式学习也并没有得到所有学员的青睐。有些学员更享受在真实环境中学习汉语的氛围,他们喜欢面对面的沟通交流,教室里的学习与互动让他们感到暂时脱离了繁忙的工作环境,仿佛走进了另一个生命空间,更轻松惬意;有的学员由于年龄较大,不擅长网络等现代技术,因此常常受到平台无法登录或网络信号不佳的困扰;还有的学员因为在办公室在线上课,为了不打扰别人,只能听课而不能发言,开口率和参与度大打折扣……所以,为了满足所有人的需求,我对线上授课的形式做了一点调整,愿意或只能线上学习的继续在线学习,同时愿意来教室的也可以来教室里听课,大家可以线上和线下共同互动,这样就既充分发挥了线上教学的优势,也满足了学员愿意线下学习、交流的需求,大家各取所需,各得其乐。后来我回国时,虽然国内仍以线下课堂教学为主,除了慕课外,鲜有系统的线上教学,可没想到,一场突如其来的新冠肺炎疫情不仅改变了人们的生活方式,也改变了工作和学习方式。当时我认为联合国系统内独特的(在家)远程办公、线上教学也因新冠肺炎疫情变得普遍起来,当年接触、学习到的理念、技能、教法让我在新冠肺炎疫情期间大规模开启线上教学模式时变得游刃有余。学习的确是一种变革力量,只有不断学习与创新,才能永远有路可走。

回顾那三年在联合国的教学经历,我深深地感受到,来自不同国籍和文化背景,有着不同年龄、职业级别和社会地位的联合国学员们,虽然性格各异、兴趣不同,与我们的关注点、讨论话题、观察视角、价值判断都有所差异,但不论他们的汉语水平如何,他们都在汉语和中国文化的学习和了解中找到了一种共鸣,获得了认同感和舒适感,学会去欣赏、享受,并通过自己独特的方式进行感悟和体验。我想,这也是我们在向世界教授汉语、传播中华文化时希望达成的吧。

作者简介

岳岩，北京语言大学汉语国际教育专业副教授、硕士生导师，清华大学语言学与应用语言学专业硕士、汉语史专业博士、政策研究博士后，中华文化国际传播中心主任助理，中外语言交流合作中心"驻华使节汉语培训班"教学主管。2007—2008年在美国威廉玛丽学院做访问学者，2013—2016年由国家汉办（现为"中外语言交流合作中心"）外派至联合国纽约总部中文组任教。

出版学术专著1部，主持或参加多项国家级、省级、校级课题，在多本核心期刊上发表10多篇学术论文。作为副主编或编者参与出版了5本"清华汉语"系列对外汉语教材，获"清华大学优秀教材二等奖""清华大学教学成果二等奖"，作为主编即将出版《使节汉语》。在联合国纽约总部任职期间，担任第13届大学生北美汉语桥比赛、美国《侨报》第三届和第四届青少年儿童中文写作大赛总决赛、联合国"一个世界、多种语言"全球作文比赛（中文组）评委，在华美协进社人文学会做汉语史方面的学术讲座，并多次在联合国总部及华美协进社主持学术、文化讲座。汉语教学及文化推广工作得到美国中文电视、华语电视、全球卫视、《侨报》、联合国电台、中国新闻社的多次中英文专访报道，并由世界中国文化艺术基金会授予"文化使者"称号。

我在美国教中文的日子

封亚莉

2011年，我还是一名对外汉语专业的在读研究生，有幸去到美国一所沉浸式中文小学做一名汉语教师志愿者。2014年，研究生毕业之后，我又来到美国南部一所大学的孔子学院，在学校的中文项目工作。数起来，在美国这边教中文也已经有几年的时间了。回想这几年的教学生活，有刚来的不适应，有慢慢教书获得的感动和成就感，也有很多的不舍。借此机会，我也想分享一下在美国这几年的教书生活。

美国印象

和很多人一样，对于美国，我们好像并没有那么陌生——迪士尼的动画片、美国的流行音乐、好莱坞的电影、NBA篮球赛等，美国文化在我们成长过程中一直伴随着我们。不过我们印象中的美国估计都是关于繁华的纽约、洛杉矶的，对于其他城市，我们好像并没有那么熟悉。

我第一次去的美国城市是南卡罗来纳州的首府——哥伦比亚市，人口只有13万，却是南卡州的第二大城市，这里没有很多高楼，中国人也不太多，放眼望去，一片树林。那次是在当地的第一所中文沉浸式小学任教，而且我去的那一年正好是学校招收学生的第一年，学校里的老师还有学生家长都特别欢迎我们几位中文老师。这里的很多人其实不太了解中国，他们偶尔也会问一些比较奇怪的问题，不过，我们也不会觉得被冒犯。因为，他们很多人可能一辈子都生活在这个城市，对中国确实比较陌生。他们人都很好，对我们几位志愿者老师也都很友好，比如我们住的地方离学校有点远，几个家长就每天开车轮流接送我们，过节的时候还邀请我们一起庆祝。对于第一次离开家乡来到一个陌生国度的我们来说，他们的热情真的是让我们从心里感激、感恩。

我后来任教的大学坐落在亚特兰大，成立于1913年，是当地的一所公立性研究性大学。学校专业众多，学生种族多样性高，极具多元化和包容性。这边对涉及种族以及性别的话题比较敏感，要充分尊重学生的隐私和选择，在我们的教学中我也深有体会。还记得，开学之前，我拿到了所教班级的学生名单，学生来自不同国家、不同种族文化背景。我们要求事先对学生做一个调查，其中有一项内容是允许学生选择自己的性别身份，并要求老师和其他同学以自己偏爱的名字和人称代词来称呼自己。不太了解美国情况的我刚开始确实也有点疑惑，不过后来慢慢了解到美国社会对身份认识和性别认知比较宽容，我也很愿意尊重学生自己的选择。

在美国生活，要学会忍受寂寞，安排好自己的生活。美国街上没有什么人在走路，也不像中国那么有烟火气。路上没有摆摊的，商场关门也特别早，而且最麻烦的是，如果没有车的话，基本上哪儿也去不了。所以我们除了正常去学校进行教学活动和周末参加孔院组织的各种文化活动之外，其他大部分时间都是待在家里，备课、看剧、研究厨艺，生活安排得倒也多姿多彩。

在美国久了，慢慢就会发现，可能最不习惯的还是食物。如果每天出去吃，一来太贵了，二来汉堡、薯条偶尔吃一次还行，顿顿吃，一般的"中国胃"恐怕受不了。我身边的很多朋友在这里都慢慢成了大厨，而且我们还可以把中国菜带到我们的教学中，比如在中国体验周的活动中，就可以邀请学生家长和其他美国老师一起，吃中国菜，了解中国文化。事实证明，通过美食来介绍中国，可以让更多的人对中国菜以及中国文化产生兴趣。

小学 or 大学？

身边一些朋友常常问我：在美国的小学和大学教汉语，到底哪个更容易呢？我没有一个非常确切的答案，只能说各自需要的技能不同。在小学教汉语，除了基本的汉语语言学知识储备之外，更重要的可能是如何教以及如何有效地管理课堂。另外，除了教书之外，还要处理跟家长和其他老师的关系，甚至包括到社区推广汉语教学及中国文化，等等。

第一节课，学生们都坐在地毯上，配合各种手势表演和视频，我们学习打招呼——"你好""早上好""我叫……"。在一起学了差不多十分钟左右，学生们都站起来，我们跟着视频一边唱着"你好"歌，一边去找同学用中文打招呼。学生们叽叽喳喳，在听起来乱哄哄的环境里，大家练习着中文，我也转着圈去看看学生有哪些问题。七八分钟之后，我们从可以坐的地毯上移到课桌边，大家开始描汉字、画画，制作"自我介绍"中文书。在30分钟的中文课快要下课之前，学生们一个个带着他们的中文书过来找我，给我介绍他们的书并且跟我打招呼，然后他们就可以下课了。

这就是小学的一节中文课。因为小孩子无法长时间集中注意力，在小学上课就需要准备充分，设计各种各样的活动来吸引学生们的注意力和学习兴趣，大声读、唱歌、游戏练习、画画、手工，老师差不多七八分钟就要变换活动来让他们反复练习。

除了汉语教学活动之外，老师还要花很多精力跟学生家长沟通，尤其是大多数家长都不懂中文，他们又很想了解自己孩子的学习情况，这就更需要老师多花点精力，把每天教的内容用英文解释给家长们听。当然，我们也有很开心的时候，比如我会时常收到家长们发来的视频，有的发了他们的孩子在家唱中文歌；还有的家长带着孩子去中国餐厅，发现他们的孩子可以跟会说中文的服务员聊上个一两句中文，他们都会很高兴地跟我分享。我想那个时刻可不只是家长最开心的时候，我也觉得很有成就感呢！

那么在大学教汉语呢？我觉得很重要的一点就是要熟悉美国的教学体系，比如每学期开课前，老师要给学生准备详细的 syllabus，基本涵盖了这门课的教学目标、上课安排、作业和考试要求等等，让学生明白这一学期的安排。我刚刚开始对 syllabus 没有什么概念，后来才了解到学生会严格按照 syllabus 上面的要求来安排他们的学习。所以某种意义上，syllabus 就是老师和学生之间形成的一个契约，它让教学变得更加规范，避免了因要求模糊而带来的不便。所以，从此以后，我也会花很多心思来准备 syllabus，因为它可以让后面的教学变得轻松，同时也保护了学生和老师双方的利益。

另外，我们要探究行之有效的教学方法，让学生们保持学中文的激情。中文课在大多数学校里面都只是一门选修课，而且学生在完成一年的语言学习要求之后，很难继续学习下去，所以我们要特别强调中文的实用性和功利性，让学生了解学习中文对他们的未来职业有益处。

a、o、e、i、u、ü

对于刚刚开始学中文的学生而言，语音学习是一个既痛苦又快乐的过程，尤其是面对那些英文里面没有或者跟英文里不完全一致的读音时，学生就更是感觉困难。

"我喜欢路（绿）色""我喜欢吃无（鱼）"，听着他们别扭的发音，我意识到了单元音ü应该是一个发音难点。他们的i音发得很好，那我就从i过渡到ü，为了让他们能够看得更加清楚，我也不在乎形象了，嘴唇逐渐收拢，由扁变圆，表演得特别夸张。学生们也不顾形象地去模仿，每个人都嘟着嘴巴努力地把这个圆唇音ü发出来。班上一个同学开玩笑说道："如果天天这么夸张地去练习发音，那我们脸上恐怕要多添几道皱纹了。"另外，很多学生不会发e的音，每当他们说"我饿了"的时候，感觉用尽了浑身力气。但是奇怪的是，如果放在一个词里，他们就可以发出这个音了。所以，在学习e的发音之时，我们都练习词语，"渴了""喝水""喝茶"，慢慢地学生倒也能够掌握。在辅音教学中，j、q、x这组音对他们来说比较难，我就在屏幕上打出了舌位图，然后用双手模拟着发音器官让他们更加直观地了解，他们的发音也变得越来越好。

语音学习只是学习中文的第一步，不过，学好语音也是中文学习迈出的一大步！还是要带领着学生把这一小步走稳，练熟。

写汉字？画画？

"老师，写汉字真的好有趣呀，就像画画一样，但是不同的是，我只能描，不能自己创作。"

"老师，我写的是对的呀，为什么给我减一分呢？""哦，原来这两个字不一样啊，哈哈哈。"

对于从来没有接触过汉字的美国学生来说，写汉字基本上就跟素描一样，少一笔、多一笔是经常发生的事，我们常常看到学生把"大"写成"太"，"小"写成"少"，"日"写成"目"。不仅这样，有的时候很多风马牛不相及的字他们也分不出来，比如"大米"写成"大来"，"句子"写成"包子"。在看作业的时候，我常常被他们逗得哈哈大笑，同时也感慨他们真的是对笔画、笔顺不敏感。不过，想想汉字和英文字母的差距，我也挺能理解他们的，而且，他们当中有一些人用左手写字，那从左到右书写规则的汉字对他们而言，就更是难上加难。好在现在的网络资源很丰富，有一些学习汉字的软件，可以一笔一画地展示每个字的笔顺和写法，学生们都可以跟着练习。

另外，考虑到电脑打字的普及性，我们有很多作业也鼓励学生用电脑打字，但是，打字闹出的笑话也很多，"汉字"写成"汉子"、"练习中文"写成"联系中文"、"汉语"写成"韩语"、"喝咖啡"打成"和咖啡"，这些在很多学生身上都发生过。有一次，我收到学生的邮件，刚打开，就看到一句"封老鼠，您好"，我真的是不知该哭还是该笑。所以，我每次都提醒学生打完字以后好好检查，慢慢地，他们的错误越来越少了。看着他们一点一点地进步，我为他们感到特别开心，而学生留下的这些逗得我哈哈大笑的错误书写也永久地留在我的心里，这也是教中文的一些乐趣所在吧。

三姐妹，一条人，一个脸

"三姐妹""一条人""一个脸"，如果你听到学生说出这些词不要觉得奇怪，因为美国学生对汉语里量词的认知还是比较少的。虽然有人会说英文里也是有量词这个概念的，比如 a glass of water，two cups of coffee，three pails of mud，但是英文中的量词和汉语里的差别非常大，毕竟在英文里只有在不可数名词前面才会加。他们常常会忘记使用量词，或者滥用一些量词，什么"条""张""头"，对他们来说，简直太复杂了。还有一些学生，只会用量词"个"，这似乎成了一个万能量词。

我听到学生问得最多的一个问题就是——"老师，学习量词有没有什么规律呢？到底什么时候用'条'，什么时候用'张'，什么时候用……"

我也曾试图跟学生解释，"条"一般来形容条状的事物，比如裤子、河流；"张"是来描述可以展开的平面的，比如桌子、纸、脸等。不过，事实证明，当讲了这些所谓的规则之后，学生就会去强用这个规则，说出各种奇怪的搭配，比如一条人，他们反驳得倒也有理有据："'人'和'鱼'都是长长的，为什么可以说一条鱼，不能说一条人呢？"这对语言老师真的是一个挑战，同时也提醒我们，不要在不知情的情况下就跟学生总结规则，否则最后为难的是自己。在后面的教学中，我一般都不先给出规则，而是对遇到的量词和搭配的名词进行归类，然后通过一些卡片游戏，比如"量词大PK"，来加强学生对这些量词的记忆和运用。慢慢地，再把使用相同量词的名词总结在一起进行分类，让学生们来总结这些名词有什么特点，自己找出量词和名词之间的关系。学生犯的错越来越少，虽然被学生千奇百怪的错误逗得哈哈大笑的时候少了，但却收获了满满的成就感。

"我去不了，我有事儿"

很多人好奇，美国大学生和老师的关系如何？我们在电视里常常看到学生可以很随意地直呼教授的名字；上课期间，学生可以随意出入教室；学生也可以随时打断老师，向老师提问，甚至质疑老师讲的内容，那么美国是否有"尊师重道"这一说呢？

我的感受是学生对老师还是很尊重的，只不过这种尊重更多地要靠老师自己争取。我所任教的大学，中文课只是众多外语项目中的一项选修课，所以中文课和学生之间更像是产品和客户的关系，而老师便是要把产品做好的人。如果课上得好，尽职尽责，那学生自然会看到，也会从心里尊重老师。

不过，由于文化上的差异，他们的某些表达会让老师觉得不太礼貌。我很清晰地记得，有一次邀请班上的两名学生去参加一个新年活动，其中一名学生当时就很直接地拒绝："我去不了，我有事儿。"在我们看来，学生的回答可能太过直接，拒绝得也不够婉转。我后来也跟学生交流到这件事情，发现他们完全没有意识到这样的回答会没有礼貌。而且，在他们的认知当中，学生和老师之间的关系也是很平等的，所以直接拒绝没有问题。我后来也在反思，我们的汉语教材里其实很少涉及语用方面的教学，也从来没有教过如何更有礼貌地使用中文来进行拒绝、请求、感谢等语用行为。更多的反而是，在美国教学的我们，尽量尝试着去理解他们的这些表达，因为我了解他们的英语思维方式。不过，如果有一天他们到中国生活，那么了解中国的社会文化准则和表达习惯还是很有必要的。或许，在我以后的汉语教学中，除了强调学生们的语言学习之外，还要重视中国文化以及语言运用的教学。

他们关心的……

"我知道我们很多同学都在看《这就是街舞》,很多人喜欢王一博。这节课我们来聊一聊你们喜欢的中国电视剧、电影,还有明星。"

"听说在中国,大家都不用带钱包出门,这是真的吗?我们来了解中国的网络支付——微信和支付宝。"

课上,学生看完关于中国高考的视频之后,进行了辩论:

"我觉得在中国考大学更难,因为他们只有一次考试机会……我觉得在美国比较难,因为他们在各个方面都要准备……"

"好的,电影配音表演正式开始。首先上场的是大卫和茉莉,他们带来的片段来自电影《我不是药神》。"

如果你走进这样的中文教室,不要惊讶,这是我们的中国文化课。不同于传统意义上的文化课,没有讲中国五千年的历史文明,没有教学生剪纸、制作中国结等等,我们选择的话题都是学生投票选出来的、他们想了解的中国和中国文化。在美国的大学教外语课,中文只是其中的一个选项,各个语种的老师都用自己的潮流文化去吸引学生选课,所以我们很多课程的内容也是了解学生的兴趣之后设计的。我们会发现,原来他们真正想了解的是当代中国,想了解跟他们同样年龄的大学生在世界的另一头天天过着怎样的生活。在课上,我们讨论过中美两国的"网红文化",班上一名学生还给我观看了李子柒的视频,看得出她也想去世外桃源体验一番。

我跟他们一起看直播,然后一起探讨为什么直播平台如此之火。我的同事经常跟我感慨道:"教完这门课,我也变得更加年轻了,也更加了解年轻人的想法。"确实是,我变得越来越了解自己的学生,更多地设计他们感兴趣的话题来帮他们学习中文、了解中国。这难道不是一种很好的教学方式吗?那何乐而不为呢?

结语

在美任教的几年时光匆匆而过,从开始的不适应到后来的慢慢习惯,作为老师的我,和学生一样,也成长了很多。过程中有过失落,有过困惑,但更多的是看到学生中文说得越来越好而获得了满足。就像很多对外汉语人说的那样,教中文于我来说也绝不仅仅是一份职业，我很享受教书，也喜欢那些努力学中文的学生们，每当想起他们，我便会为他们学习中文的热情所感动。还记得教过的一位美国学生跟我说的一句话："老师，当我越来越了解中国的时候，我发现我们之间的相同之处远远多于差异。"是呀，虽然地理位置上中美处于东西两个半球，东西方文化也存在差异，但是我们的距离也可以在慢慢地了解中拉近。

作为一名国际中文老师，我感到很幸运，也很感恩这几年可以在美国教书，我定会将这段记忆珍藏于心，在以后的日子里，也要继续加油。

作者简介

封亚莉，美国佐治亚州立大学应用语言学在读博士研究生，北京语言大学语言学及应用语言学专业硕士。曾在佐治亚州立大学、东点小学等中文项目任教。

我在古巴教汉语

纵 璨

古巴位于北美洲加勒比海北部,是西印度群岛最大的岛国,对于年纪稍长一些的中国人来说,这个遥远的国家既陌生又熟悉。革命领袖菲德尔·卡斯特罗,精神导师切·格瓦拉,创造过八连冠辉煌战绩的古巴女排,蜚声国际的朗姆酒和雪茄烟,驰骋在大街上的款式古旧、色彩斑斓的老爷车,融合了西班牙民族音乐和黑人歌舞文化的古巴音乐,这些革命的、激昂的、复古的、怀旧的、缤纷的文化符号交织在一起,造就了一个独一无二的古巴,当然,还有拉美唯一的社会主义国家这个重要标签。面对美国长达半个多世纪的经济封锁,古巴人以乐观坚毅的精神顽强抗争,缓慢而有序地推动社会发展进步。2010年8月到2012年7月,我作为北京语言大学的储备师资被派往古巴哈瓦那大学孔子学院任教。光阴似箭,日月如梭,转眼间近十年的时光已悄然逝去,但彼时在美丽的加勒比的教学和生活经历却一直留存在我的记忆深处,每每想起依然鲜活得仿佛发生在昨天一样。

初识哈瓦那

赴任以前,家人和朋友无一不反复叮嘱我,要做好从高速发展的快节奏社会退回到物资匮乏、节奏缓慢的20世纪七八十年代社会的心理准备。80后的我其实很兴奋,回到旧时光里去看看,多好啊!但内心也有些许的忐忑:古巴真的如家人朋友所说的那样吗?那里的人们学习汉语的热情高不高?我能胜任教授母语为西班牙语的古巴人汉语这个任务吗?怀着很复杂的心情,经过20多个小时的飞行,跨越两个大洲、一个大洋,我终于来到了哈瓦那。利用开学前的几天时间,我迫不及待地走进这座城市的大街小巷。

哈瓦那是古巴的首都,始建于1519年,是西班牙殖民者在古巴最早建立的七座城市之一。"哈瓦那"一词,据说是源自当地古代印第安民族西博内部落的一位名叫哈瓦内克斯的酋长的名字。哈瓦那包括老城和新城两部分。老城保留了许多殖民时期的城堡和建筑，陶立克式、穆德哈尔式、巴洛克式、新古典主义式的建筑应接不暇。街道两侧时不时还可以看到旧时的西班牙安达卢西亚式庭院、铸有各种古典花纹的铁制栅栏的门窗和阳台、半圆形的精致门厅和窗框，有的已褪色，有的已变形，有的已残缺，但筋骨和风韵犹在，可以想见当年的璀璨与夺目。1982 年，联合国教科文组织将哈瓦那老城列入世界文化遗产名录。哈瓦那不仅拥有珍贵的文化遗产，也是一个色彩之都，随处可见鲜丽明艳的色彩，无论是古巴人的房子和着装、充满艺术感的街头涂鸦，还是琳琅满目的各类旅游商品，都给人极强的视觉冲击感。当然，还有那一辆辆五颜六色、披挂着 20 世纪 50 年代的历史风尘、严重"超期服役"的老爷车。古巴人用"máquina（机器）"来代指破旧不堪的、各种零件拼凑而成的老爷车，自嘲的同时透着无奈，还有对自己高超组装技艺的小小得意。迎面走过的一些古巴男子，笑呵呵地冲着我说："¡China, linda!（中国女孩，漂亮！）"如此直接的赞美刚开始让我有点儿不知所措，甚至有点儿气恼，但在发现他们并无他意、仅仅是热情地打招呼后，我也随之报以微笑和感谢。极富感染力的伦巴和萨尔萨音乐伴随着市井之声，不绝于耳。卖花生的小贩"Maní, Maní"地吆喝着；装着水果、鲜花的手推车轧在石砖路上，"吱嘎吱嘎"地响；戴着红领巾、穿着统一校服的孩子们嘻嘻哈哈地去上学；女人们一边往晾衣绳上挂衣服，一边大声地和邻居拉着家常。而在著名的海滨大道 Malecón，更是满满的生活气息：相爱的情侣紧紧相拥，说着绵绵的情话；为讨生活而来钓鱼的人专注地盯着鱼竿，哪怕一无所获也不影响一天的好心情；沉思者面向大海思考着人生与远方；疲惫的人一边躺在堤岸上休息，一边静听各国旅客谈论海岛以外的他乡奇闻，一切都那么和谐，那么通透，那么无拘无束。如此美好的哈瓦那，如此热爱生活的古巴人，让大文豪海明威深陷其中无法自拔，称哈瓦那是他"命运归宿的地方"，一住就是 22 年之久，并在此完成了《老人与海》的写作。我这个初来乍到的中国汉语老师也深受感染，把物资短缺、网络不畅等困难统统抛诸脑后，就像古巴人常说的，没有什么困难是克服不了的。于是乎，在混合着满足和快乐以及革命乐观主义精神的基调中，我在古巴的工作和生活正式开始了。

让我感动的学习热情，让我尴尬的贴面礼

整个古巴只有一所孔子学院，就是我所在的哈瓦那大学孔子学院。孔院在哈大校园的东侧，跟学校的运动场在同一栋楼，和其他建筑中间隔着一条可以通车的、宽 30 米左右的街道。彼时，刚成立还不到一年的孔院，只有四个隔音一般、没有课桌的教室，一个一下雨就会进水的小图书馆，三间办公室和一个几乎天天停水的卫生间。如果恰逢体育课或者学校的运动会，那锣鼓喧天的呐喊声，再加上窗外的汽车喇叭声，以及教室里缺油的电风扇发出的"吱扭吱扭"的声音，老师们必须要拼尽全力，才能让自己的声音不至于被淹没。教室里有电视和 DVD，但没有电脑。需要多媒体教学怎么办？把 PPT 转换成 JPEG 的格式，然后借助电视和 DVD 播放给学生看，或者错峰借用图书馆仅有的一台投影仪。教材刚开始也不够，国内虽然早早发来了教材，但受限于古巴政府的规定，清关的时间很长，部分学员需要几人共享一本书。不仅如此，白板笔的使用也需要精打细算。我必须要承认，开学前豪情万丈的我，在现实的种种困难前，多多少少还是产生了一些畏难情绪的，但学生们的学习热情很快就把它驱散得无影无踪了。

我在孔子学院第一年主要教授的是汉语专业三年级以及公务员班的汉语课。自 2011 年的 9 月开始，孔院全面转向面向社会的非学历形式招生，我的教学对象也因此变得更加多元，各种职业、各种年龄阶段的古巴学员汇聚一堂，好不热闹。第二年我主要承担的是社会成人初级班、高级班和古巴 BB 舞蹈学校的汉语教学工作。由于针对西语地区的汉语教材不是很多，我们当年主要使用的是《今日汉语》和《新思维汉语》，后来则统一使用《新实用汉语课本》，儿童班使用的一直都是《快乐汉语》。孔院每年都会通过古巴最权威的报纸《格拉玛报》(*Granma*) 和广播发布招生信息，这个覆盖面和影响力可想而知。但受限于教学场地，上课的席位非常紧俏，想来上课就要拼速度。一时间，只见平时总是"paracia（耐心）"不离口的古巴人从四面八方向孔院涌来，不仅有哈瓦那的，还有外省的；有男女朋友抑或夫妻二人一起来的，也有兄弟姐妹以及祖孙俩一起来做同学的，甚至是爸爸妈妈带着孩子一起坐在教室里学习的。非同一般的组合，绝对的家庭总动员。还记得上课时我问小朋友"你家有几口人"时，孩子的话音还没落，她的爸爸、妈妈就条件

反射般竖起食指，"yo, yo（我，我）"地回答上了，说完一家三口相视一笑。这样热火朝天、和谐友爱的学习氛围，不正是我赴任前所期待的吗？班里年纪最长的Norberto爷爷，虽已71岁高龄，但每次上课都来得最早；Yisel，家住外省，每个周末往返近五个小时来孔院上课；Alejandro，为了深入学习汉语，放弃了自己的军籍（古巴对军人有严格的管理规定）；Andoine，为了赚取生活费，一个星期四个晚上都要去看车，有时凌晨结束了工作就直接跑到Malecón学习，一直到天亮。在古巴工作的两年，我认识了太多对汉语、对中国充满感情的古巴人，他们对人生梦想的执着与坚持、对美好生活的向往与追求，给我留下了极为深刻的印象，同时也激励和鼓舞着包括我在内的每一位在古巴教授汉语和中国文化的中国教师，成为我们工作的最大动力。

同样给我留下深刻印象的还有古巴人的贴面礼。去孔院的第一天，年过六旬、蓄着胡子的外方院长Arsenio热情地冲我伸开双臂，出于礼貌，我赶紧把右脸贴上去，完成了人生第一次贴面礼。虽然提前做了心理建设，但还是觉得有点儿尴尬，毕竟中国人自古以来的礼节都是不能进行体触的，体触属于非礼行为。紧接着，孔院的古方所有工作人员都一一跟我进行了贴面，不仅如此，一位女老师在跟我贴面时，嘴里还发出"啵啵"的声音，后来知道这是热情友好的表示，一般关系非常亲近的人才会这样，而且越是亲密，"啵啵"声的分贝也会越高。这位女老师初次见面就给我如此高规格的"礼遇"，真是让我受宠若惊。但没想到，更让我惊诧的还在后面。班里的一位男同学迟到了，他进教室时先是满脸笑容地对我说："¡Hola, profe!（老师好！）"然后淡定地走到第一排，和他认识的女同学逐一贴面，跟男同学呢，则是先拳头碰了下拳头，然后再肩碰一下肩，嘴里还问候着："¿Qué tal?/¿Cómo anda?/¿Cómo estás?（怎么样？身体好吗？）"于是我也不得不等着他们礼毕后再继续上课。下课后，凡是彼此间认识的同学，又一次依依不舍地贴面，嘴里说着："¡Chao, chao!（再见！）"场面温馨。当然，也有儒雅的、略懂中国文化的男学生，打招呼前先问我要贴面还是握手，非常贴心。需要提醒的是，贴面礼在西语国家是不可以拒绝的。你可以不主动，但是如果有人主动跟你贴面，就不能拒绝，拒绝是非礼行为。随着在古巴工作的时间越来越长，我逐渐适应了贴面礼，有时也会主动跟古巴人行贴面礼。班里不少爷爷奶奶级别的学员见到我，打招呼也逐渐从用

"profe"变成了"mi niña（我的小女孩）"，贴脸的同时还常常用一只手在我的腰背上轻轻搓揉几下。这又是什么意思呢？意思是把你当成家庭成员，对你更加信任和尊重。但这种揉搓后背的做法，在一般社交场合下是不用的。

有意思的是，2020年新冠肺炎疫情期间，古巴人为保持社交距离，有的改用胳膊肘碰触胳膊肘代替贴面礼，有的用左脚脚尖踢对方的右脚脚尖，一如既往地彼此问候着："¿Qué tal?/ ¿Cómo anda?/ ¿Cómo estás?"这就是古巴人，不仅心里装满对朋友、亲人的爱和关心，也要在言行上把爱和关心传达给对方。

寻找中西发音中的不同

古巴人说西班牙语。西班牙语和汉语一样，都是世界上非常重要、有影响力的语言。为了做好教学工作，我在赴任前专门学习了一段时间的西班牙语。来古巴工作后，热心的院长Arsenio帮我们几位来自中国的汉语教师争取到了在哈瓦那大学对外西语系学习西语的机会。这是一段弥足珍贵的学习经历，它让我在古巴的汉语教学，特别是语音教学方面，少走了很多弯路，有效提高了教学效率。

西班牙语有三对清浊辅音p/b、t/d、c/g，看起来跟汉语的p/b、t/d、k/g很像，但其实它们的差别很大。西班牙语的这三组辅音，每组的前一个发音时声带都不振动，后一个则需要振动声带。还记得我刚学西语的时候，很难分清"beso（吻）"和"peso（比索，古巴的货币单位）"，这两个单词的发音对我来说是一样的。后来发生了一件让我哭笑不得的事情，这才终于分清了p/b。事情是这样的：一日，我去菜市场买菜。一位卖水果的大叔冲着我"china, china"地叫个不停，我对这种打招呼的方式早就见怪不怪了。但他紧接着说的话引起了我的注意——"un beso"。于是，我快步走向他的摊位，要知道同样的东西，别家卖"tres pesos（三个比索）"，这位大叔真好，给中国人一个比索（un peso）的价格，够意思。大叔一脸期待地望着我。但我挑拣完毕，拿出一张比索给他时，大叔傻眼了。他又说了一遍"un beso"，与此同时，用手拍了拍自己的脸颊。啊，原来他说的和我想的是不一样的。这段尴尬的经历不仅让我成功地发出了浊音b，更重要的是，它让我意识到：如果在语音教学中，对西班牙语的语音跟汉语语音不同的地方进行强化训练，肯定会提高学生们汉语发音的准确度，避免出现我上面的情况。

还以汉语的 p/b、t/d、k/g 为例，虽然西班牙语的辅音没有送气、不送气的对立，但是有一个辅音 ch，跟汉语送气的 ch 发音相似，借助西语的 ch，可以让学生快速找到发送气音的感觉，同时借助吹纸法、呼气法，送气音和不送气音掌握起来并不算难。难的是，由于西班牙语的影响，古巴人很容易把汉语送气的 p/t/k 发成浊辅音，比如把"tāmen"发成"dāmen"、把"pópo"发成"bóbo"。再比如，西班牙语的辅音 c，后面跟元音 a、o、u 时，发 [k] 的音，而后面跟元音 e 和 i 时，发 [s]，所以古巴人常常把汉语的"cài"发成"gài"、把"cǐ"发成"sǐ"、把"cè"发成"sè"。我认识两个在古巴留学的中国女孩，一个名叫曹亚楠，但是古巴人总是叫她"高亚楠"，原因就是他们把"cáo"的声母"c"误以为是西语的 c[k]。另一个女孩名叫"孙娟"，古巴人却称呼她为"孙胡安"，一个非常西语的名字。这又是为什么呢？原来西语的辅音 j 跟所有的元音，即 a、e、i、o、u 拼合时，发 [x]，类似汉语拼音 h 的发音。当古巴人看到"juān"这个音节，很自然地就发成了西语的 Juan（胡安）。再举一个例子：古巴最久负盛名的朗姆调酒"mojito"，汉语一般翻译成"莫吉托"。这个翻译较之西语的发音，还是有一定偏离的。我想，之所以把"mojito"第二个音节"ji"翻译成"吉"，大概是因为最早的中文译者也是不自觉地受到母语汉语的影响吧。西语中还有一个不发音的辅音 h，比如 Havana，读起来并不是大家耳熟能详的"哈瓦那"，而是"阿瓦那"。如果教师了解这个区别，在学习汉语的 h 时做好提醒，学生就不会出现把"哈哈大笑"说成"阿阿大笑"了。

再来说说 r。西语的 r 是颤音，这个音是很多中国学习者的难点。就拿我来说吧，虽然反复练习了几个月，无奈就是发不出来，所以每每听到古巴人那强有力、颤个不停、强弱随意控制的 r，我的心里就涌起成千上万倍的羡慕。不过，此一时彼一时，在古巴人学习汉语 r 的发音时，以前的优势却成了现在的"绊脚石"。不论是读"rì"还是"ròu"，反正只要是 r 开头的音节，吞音的现象就很明显，而且他们的发音模糊、不清晰，有种"大舌头"的感觉，舌头总是抑制不住地想要打战。作为教师，我们应如何帮助学生解决这个问题呢？对成年学习者来说，首先要告诉他们二者的区别，然后示范正确的发音部位，接下来就是多种形式的练习，在单个音节熟练以后，就要在短语、句子中反复操练，直到熟练掌握为止；再就是教师在听到学生错误的发音时要注意及时纠正，强化正确的发音。

别随便套用西语的规则说汉语

卡斯特罗在一次电视采访中说："每个能读会写的中国人都应该获得诺贝尔奖，因为中文是一种难学的语言。"听闻此言的我非常振奋，原来我在古巴的工作是这么有意义、有价值——不仅在传播汉语和中国文化，还在为古巴培养诺贝尔奖的候选人啊！我们孔院的学生，在经过一段时间的认真学习后，都能达到能读会写的水平，顺利通过HSK一级或者二级的考试，还有不少学生因为成绩优异，成功申请上了中国政府的奖学金，来中国继续攻读本科、硕士，甚至博士。

但实事求是地说，在古巴，像卡斯特罗爷爷一样，认为汉语难学的人其实很多，要不西班牙语也就不会在表达听不懂别人说的话时，使用"¿Hablas chino?（你在说汉语吗？）"这个句子了，所以，打破古巴人对汉语难学的刻板印象是非常重要的。我的方法是先跟他们"抱怨"西班牙语可比汉语难学多了：比如动词的变位，仅仅是一个现在时，就有六种变位，如果把所有的时态加在一起，就有好几十种，这还不包括不规则变位的情况；还有名词、形容词、定冠词、代词，不仅有性的变化，还有数的变化。每每这时，我善解人意的古巴学生就会耐心地安慰我："老师，您听我说，西班牙语呢……"然而，多数情况下，他们解释完以后得出的结论都是：嗯，还是汉语要简单一些。耶！初战告捷！接下来就是对各种语法规则进行循序渐进的系统学习。

我在古巴进行语法教学时，特别注重寻找汉语和西班牙语存在明显差异的地方。二语习得的理论告诉我们，这些不同就是学生们习得的难点，也是我们教学的重点，特别是对于像哈大孔院这样，面向社会成员的、一周不过四个课时的教学班级而言，教师更应该充分地做好课前工作，把学生有可能会踩到的"雷"在课堂上"引爆"，而不是等一周后的作业反馈出问题了再来纠正。比如学习形容词做定语的时候，我的做法是先给出结构"adj.+的+n."和例子"一个漂亮的女孩"，然后再给出对应的西语表达——"una muchacha linda"（西语的形容词在名词的后面），并提醒大家注意形容词的不同位置。再比如介词短语，西语表示地点的介词短语是放在动词后面的——"Él estudia en la Universidad de Beijing"，这一点跟英语一样，但是汉语表示地点的介词短语做状语时，是要放在动词前面的——"我在北京大学学习"，这个不同我们要告诉学生，不然肯定也会出现跟母语是英语的学习者一样的偏误——"我学习在北京大学"。此外，当西语的一个语言项对应汉语的多个语言项时，学生也非常容易产生偏误。以"mucho"为例，它作为副词修饰动词时，既可以表示数量大（Él trabajó mucho），也可以表示程度高（Me gusta mucho bailar），教师如果忽视了这两个语法意义在汉语中的不同表现形式（表"数量大"这个意义时，mucho 要处理为定语——他做了很多工作；表"程度高"时，要作为状语——我非常喜欢跳舞），或者强调得不够，学生就会很自然地根据母语的规则，说出"他工作很多""我喜欢很多跳舞"这样错误的句子。

一样的动物，不一样的意思

"小鲜肉"是近几年在中国的社交网络上很流行的一个词，曾入围了 2014 年度的微博流行词榜单，意思是年轻、帅气的男性，英文翻译是 little fresh meat。有意思的是，这个词在我脑中的意象却是毛茸茸的小鸡，这是因为古巴人给了我先入为主的深刻印象。班里有一位漂亮的金发小姑娘，有一天她兴高采烈地告诉我她恋爱了，其中一句话引起了我的好奇——"Él es un pollo。""什么？pollo（小鸡）？"看我一脸的不解，小姑娘解释道："pollo 就是说一个男孩子又年轻又帅。"从那以后，每次在孔院或者大街上看到年轻帅气的小伙子，我的眼前就会浮现出小鸡的可爱模样。

古巴西班牙语的俗语中跟"鸡"有关的，不仅有"pollo"，还有"gallo（公鸡）"和"gallina（母鸡）"。如果一个男人在家里很威严、不苟言笑，那他就是家里的"公鸡"；母鸡的形象在古巴人心中则是哭哭啼啼的弱者、懦夫，完全不同于中国人在"老母鸡"一词中倾注的浓郁母爱。当然，也有跟汉语中的动物词所指相同的情况。比如"胆小如鼠""慢得像乌龟一样"，只是古巴人除了用"老鼠"指代胆小的人以外，还会用"小白兔（conejo）"来形容他们；一个人行动缓慢，除了像"乌龟"，古巴人还说像"牛"一样。西语中的牛有三个：buey（牛）、toro（公牛）、vaca（母牛）。buey 在古巴指人行动缓慢、身材发福，toro 指身体强壮，而 vaca 指代的是胖女人。那问题来了，中国文化中的"老黄牛"忠于职守、吃苦耐劳、任劳任怨的品质，古巴人是映射到哪种动物身上了呢？是马（caballo）。一开始我还不得其解，直到圣诞节假期去外省旅游，乘坐了多次马车，联想到哈瓦那乡村的街道上来来往往的马车时，才终于豁然开朗。一个民族的语言总是带有这个民族特有的印记，记录着这个民族的人们独有的思维、审美、文化和生活。马是居住在古巴乡间的人们最重要的交通工具，也是来古巴旅游的外国人除了老爷车以外最喜欢体验的交通方式，特别是去东部、中部和西部旅行，这些地方大都是山地和丘陵。骑马翻山对游客来说，既惊险又刺激，但对于蹒跚其中的马来说，却是一段异常艰辛的旅程。一天天、一月月、一年年，马始终沉默着、坚持着，它们身上所体现的不正是中国的"老黄牛精神"吗？作为汉语教师，如果我们能对古巴人生活中常用的动物俗语及其所代表的意义有所了解，在看到学生作文中"我要像狮子一样努力工作"和"他是一头大象"这样的句子时，肯定就不会感到奇怪了，并能根据这些动物词在古巴西班牙语中蕴涵的文化意义，找到汉语中相应的意象，进而教给学生们最地道的表达。

结语

曾经觉得两年的时间会很漫长，但是当两年的古巴教学工作于2012年7月底画上句号的时候，我才发现自己是那么留恋哈瓦那的一切，直到现在，我依然常常梦回哈瓦那——那片我曾经流过汗水、流过泪水、勇敢奋斗过的热土和那片土地上乐观、快活、富于激情、豪爽、热情、友好、能歌善舞、多元、包容，对中国人有着无限美好情意的古巴人。

在过去近十年的时间里，古巴发生了天翻地覆的变化，人们的生活也变得越来越好。哈瓦那大学的孔子学院在经过多年的漫长等待之后，于2015年10月迁到了中国传统文化氛围浓厚的哈瓦那老城华人街最繁华的地段，教学环境和教学设施有了显著的改善，能够满足更多有志于学习汉语的古巴人的需求。特别值得一提的是，2020年10月，中国教育部中外语言交流合作中心同古巴教育部签署了中古汉语教学合作协议，该协议的签署标志着汉语课程朝着正式进入古巴国民教育体系迈出了关键一步。衷心地希望未来能有越来越多的汉语教师前往古巴任教，也由衷地期待能有越来越多的古巴人有机会走出国门，相信双向的文化交流能够让中古人民间的友谊更加深厚，也会让两国间的革命友谊历久弥坚！

作者简介 --

纵璨，北京语言大学汉语速成学院讲师，博士在读，研究方向为语言文化研究、文化教学和特殊模式的汉语教学。主要教授初级汉语课和文化体验课程，曾任学院多个来华团组项目的负责人，担任过4期教育部语言交流合作中心主办的驻华外交使节中文学习班主讲教师。2010—2012年在古巴哈瓦那大学孔子学院任教。

圣市华年，盛世年华

——我在巴西圣保罗教中文的日子

陈雯雯

多年后的今天，回想起当初决定去巴西还像做梦一样。那时我对巴西一无所知，脑海里对巴西的印象只有两个字"足球"。查阅资料得知巴西是南美洲最大的国家，面积约851.5万平方公里，约占南美洲总面积的46%，首都是巴西利亚，官方语言为葡萄牙语，也是拉丁美洲地区唯一以葡萄牙语为官方语言的国家。巴西也是一个民族大熔炉，接纳了来自世界70多个国家的移民。2014年，我作为国务院侨办的外派教师，登上了北京前往巴西圣保罗的飞机，当飞机飞越大西洋的时候，我心里最大的感慨莫过于神奇的自然界让地球变得如此奇妙，也感叹我们有幸飞跃13188公里，来到这个距离中国第二遥远的国家。现在回忆起来，外派的那一年，我头顶着蓝天白云，双脚丈量着南半球上这片神奇的土地，穿梭于中巴文化交流中，收获满满。

神父，这是一所魔法学院吗？

飞机着陆后，顾不得26小时飞行的劳累、11小时时差的黑白颠倒和冬夏季节的交换，听说是肖神父来接机，我们非常好奇神父是什么样子，是像电影里那种穿着黑袍子的神父吗？事实证明他不是，他和我们普通人一样穿着短袖，开着一辆雪佛莱车，上车一问才知道他祖籍河北，交流无障碍。车子驶到我所外派的巴西圣保罗华侨天主堂中文学校，这是一所天主教教会学校，于2009年被国务院侨务办公室评为首批海外华文教育示范学校。这所学校迄今已有近60年的办学历史，可以说是巴西华文教育的缩影。在全球中文热潮下，尤其是在新移民的影响下，巴西的华文教育也迎来了"盛世"。

周六、周日我在巴西圣保罗华侨天主堂中文学校上课，周一至周五在圣本笃中文学校 Colégio de São Bento 上课。圣本笃中文学校也是肖神父开办的。学校就在圣本笃修道院，这座有着118年历史的古老建筑高大圣洁，兼具教堂、神学院、巴西学校、中文学校等功用，每一处都彰显着巴西天主教的独特魅力。巴西人大多信奉天主教，走进天主教教堂，你会发现里面肃穆神圣，有虔诚的信徒在祈祷。

徜徉在图书馆、走廊，尤其是看着身穿黑袍的天主教神父或者教徒乘坐那古老的电梯时，就像是走进哈利·波特的魔法学院。天主堂中文学校虽古老，但是拥有全巴西最大的中文图书馆，还有宝藏级的、从中国前来的好几位神父，我们有幸见到其中年龄最大的、85岁高龄的何神父，他也是天主堂华侨中文学校的创建者之一。

每逢周末，华侨华人的后代还有巴西人会来学中文。家长们则利用这个时间来教会聚会，中午下课后大家一起在学校用餐，其乐融融。聊天时，偶尔会有家长提醒我出门要注意安全。我就换上我用了很多年的书包，把智能手机放包里，打电话的时候把按键手机拿出来，穿着10元一件的T恤衫，去超市一次性采购一周的物品，晚上不出门，在家锻炼或者备课。碰到教会旁的流浪汉离他远点，不打扰他的美梦。

老师，您可以教奥数吗？

当我还沉浸在巴西烤肉的美味中、呼吸着新鲜的空气时，肖神父和执行校长吴校长问了我一句："陈老师，您可以教奥数吗？或者英语也行。"我当时整个人都是懵住的：教奥数？教英语？开什么玩笑！我不是来教他们学汉语的吗？后来我才得知很多巴西的华侨华人学生在巴西学习一段时间后，还是要回到中国的，要对接国内的教育体系，参加国内的港澳台侨联合学生考试，在国内读大学。他们的父母不希望他们的数学和英语落下了。教奥数和英语我不在行，我以我是来教汉语的为由拒绝了。那教他们语文总可以了吧？我被吴校长分配教小学三年级语文。事实上，当我拿到人教版三年级《语文》教材时，我一度严重怀疑自己是不是能够胜任，怕辜负了肖神父和吴校长的信任。刚开始的那段时间里，一直从事对外汉语教学工作的我，心里就想着怎么把这些学生教好。

你会说英语吗？No!

我是北语汉语国际教育专业毕业的，到巴西最大的问题竟然是语言问题。见到巴西人，我用英语问他们："你会说英语吗？"10个人有9个回答说："No！"接着，他们会反问我："你会说葡萄牙语吗？""你会说西班牙语吗？"我也只能说："No！"

巴西是南美洲说葡萄牙语的国家（在南美洲除巴西以外，其他国家的官方语言都是西班牙语）。尽管我去巴西前跟着我的巴西学生学了些葡萄牙语，但是依旧不能交流，只能读不会说。在巴西，英语并不是很普及，只有接受高等教育的人会说一些。但是西班牙语他们可以听懂，无奈我不会，交流的障碍一度使我在刚去的前三个月不敢出门。好在所外派的学校以华侨华人为主，他们很多会中文，加之后来认识了许多巴西老师，我才得以在完全陌生的语言环境下生活下来。

不只是语言不通，教材也存在同样的问题。周末在天主堂中文学校上课使用的教材是《当代中国》（葡文版），我只能拿英文版的去备课，好在第二语言教学法在教巴西人的时候还是可以用的，这让我在最初的时间里找到了自己的存在感。

同学，你能老老实实坐在座位上吗？

回国后，要是有人问我对巴西学生有什么印象，我想说，你想让他们老老实实坐那儿听你讲课是不可能的。那里没有国内课堂那样严肃的氛围，有的学生会直接称呼你的名字。巴西学生生性活泼，教室里的桌椅都是可移动式的，上课的时候或是坐成一排排的，或是围绕着你坐，都很正常。当遇到违反纪律的学生时，可以寻求教学督导的帮助。以前在国内教学的时候总想多教给学生一些知识，让他们多了解一些中华文化知识。来到巴西后才发现，学生对成绩没有国人那么关注，即使成绩考得不好也没那么难过。他们骨子里的那份乐天和轻松让我心情变得放松，开始慢慢适应了教学生活，也让我反思学习究竟是为了什么。

刚才我给你的作业是什么来着？

在平时上课的圣本笃学校里，学生上午学习完葡语课程后，下午可以选择学习中文。下午课有两个时段，一共有四小节课，学生并不是固定的。比如说，在

15：30—17：00这个时段里，有8个学生，其中有两个二年级（上）的学生、1个三年级（上）的学生和5个三年级（下）的学生，他们同时在这个时段里上课。尽管学生不多，可是，复式教学却让我忙得不可开交。我常常给这个学生布置了教学任务，转过脸来就忘记了刚刚给另外一个学生布置了什么任务。即使在同一个时间段，学习同一个年级级别的教材，也存在不少问题。比如，学生的年龄跨度很大，有的学生已经13岁了，却还和8岁的一起学习二年级的内容，教材的内容不符合学生的认知水平，可又苦于找不到合适的教材，这给我的教学带来了很大的困扰，尤其是在我教他们的前两个月里，这个问题对我更是不小的挑战。

面对华裔学生的第一语言教学，每次备课的时候，语言问题不是最大的问题，而是要备课文之外的知识，查阅相关的资料给学生以补充。在上课的时候，基本不需要给他们讲解字词的意思，而是要给他们讲词语搭配、近义词的辨析、修辞手法、课文段落大意等，这些看上去与国内的小学语文教学类似。从某种程度上，可以说是中国国民基础教育在海外的延伸。但是这些学生毕竟不在国内，他们的国籍有很多已经变更为巴西，与国内的孩子相比，他们存在很多不同，而这些地方我感到恰恰是教学中最花心思的，举例来说：讲《桂林山水甲天下》一课的时候，我们一般会认为教学重点是如何"甲天下"，而实际的教学情况是，无论我怎么描述都无法让学生感受那种美，只能借助图片或者是和巴西有名的"伊瓜苏瀑布"进行比较，需要给学生讲"桂林"在中国的哪里，那里的风土人情和气候特点是什么，等等。而这样的例子比比皆是，走出国门，面对华裔，我虽知道传播语言的重要性，但是比这更重要的是给他们介绍中华文化，这些文化不是简单的剪纸、画脸谱那些形式，而是一点点隐藏在课文文字里的东西，需要我去解析。因此，面对华裔学生，关于语言本身的教学不是最大的问题，最大的问题是如何把文化于无声处深入到日常的教学当中去。

写在黑板上，清清楚楚

从最初的"文化休克期"到逐步走进"甜蜜期"，我大概用了3个月的时间。在平时上课的圣本笃学校，面对华裔学生，除了常规的教学方法，我还摸索出来了几条经验：

1. 教学步骤流程化。为了解决复式教学的难题，在请教有经验的老教师的基础上，我结合本班的教学实际，总结出一套教学流程来：汉字（书写）→生词（组词、近义词辨析等）→句子（造句）→课文（读课文、讲解课文）→练习（辅导书）→作业（听写、背诵等）→单元测验。在每节课课前，我把每个年级要进行的教学任务事先写在黑板上，在使学生通晓整个流程的基础上，按照流程对各个年级进行教学，每完成一个步骤，就在前面打钩，使学生和自己都做到"心中有数"，我也不会再出现顾得了这个学生，却顾不了那个学生的尴尬的情况。

2. 努力使课堂的每个教学步骤生动、有趣。教学步骤流程化解决了"手忙脚乱"的问题，但是并不能使学生们全神贯注地集中精力学习。这就需要尽可能地使每个步骤都生动、有趣，最好具有一定的挑战性。举例来说，在识字环节，我使用平板电脑，下载了人教版小学语文的识读软件，学生在跟读的时候，有字义解释、组词，还有猜字游戏。有声有义，再加上学生听说能力较强，很快就能掌握字词意思。

3. 激发学生的挑战心和想象力。充分利用巴西学生喜欢"玩中学"的特点，在听写的时候，借用"汉字英雄"的模式，比如，听写本课含有"扌"的字，写出来的越多，得分越高；全班学生按照"1、2、1、2……"报数，分成两个组，数"1"的一个组，数"2"的一个组，两个组比赛写新学的成语，或者是写出含有某一个汉字的词语，或者是用词语最后一个字接龙；玩"Bingo"游戏，学生先在本子上写9个学过的词语，随机写在九宫格里，接着我来说，3个词语最先连成一条线的算赢；在布置作业的时候，挑选5个毫无关系的词语，让学生发挥想象力写成一段话，并给这段话起一个题目，这项作业既练习了词语的用法，又发挥了学生的想象力，等等。

4. 课程教学融入学生的兴趣爱好。在我教学的过程中，我发现很多学生喜欢画画，我就上网找来一些图片，把这些图片黑白打印出来发给学生，让低年级的学生在图片上进行涂色。比如在讲到唐朝诗人李白的《望天门山》（天门中断楚江开，碧水东流至此回。两岸青山相对出，孤帆一片日边来）时，我就让学生进行涂色，诗里面有山有水，有船有太阳。孩子们的兴趣一下子就被激发出来了，有的高年级学生甚至不用我的图片，自己画出了一幅画。在学期末的时候，我们把学生的作品一张张粘贴在一个巨大的展板上,学生和家长来参观的时候都特别有成就感。

5.除了上必修课以外,在圣本笃学校里我还会利用课外的时间给学生开设"文化选修课",教学内容涉及中国的人口、地理、政治、经济、饮食、建筑等等,虽然内容较为笼统,但是借助多媒体等教学手段进行讲解,课文会变得生动起来,学生理解中国文化也更容易些。

巴西太慢,我太快

对于汉语作为第二语言学习的巴西人而言要慢点,再慢点。"老师,你慢点!""我已经很慢了,好的,我再慢点。"在北京生活久了,刚到巴西时最不适应的是巴西的生活节奏。他们做事情慢慢悠悠,经常有学生告诉我要慢点。去银行取钱都要排很久的队,不是因为人多,是因为每一位都很慢;去超市买东西结账,收银员把顾客购买的每一件物品,无论大小都分别给装到一个塑料袋里,装完后还帮你放到车的后备厢,回来后再结下一位。那是真的慢,刚开始我很不适应,后来慢慢地喜欢上了这种"慢"。

这种"慢"也体现在教学上,上课的速度不能快,作业不能多。学生上节课学习的知识,下次上课时要花大概一多半的时间,用来复习和做作业,像国内那样赶进度是不可能的。再加上巴西的基础教育体制是半天制,小学和中学的学生周一到周五每天只上半天,下午上选修课(中文是下午的选修课之一)。周末的中文会话课就更不必说了,一周上一次课,上午9:00—12:00,还得去掉喝咖啡等课间休息的时间,再加上巴西学生时间观念不强,课后又不喜欢做作业,他们要在课上完成等原因,学生实际能掌握的教学内容少之又少,教学进度非常慢。但印象中有个75岁的巴西老太太开着车来学习,几乎每次都会迟到,写汉字的时候手颤巍巍的,我很感动,那一刻我感受到的是活到老、学到老,慢一点就慢一点吧。我告诉她慢慢写不着急,因此,整体的教学节奏快不得,在那儿的第一个学期我们只教完了拼音。

"r""l"不分?喝水没有"h"怎么能行?

教巴西学生不能快,一个学期的拼音教下来,发现教好他们发音也不容易。巴西的官方语言是葡萄牙语，属于印欧语系罗曼语族，属于屈折语，主要依靠词型的变化表示语法关系。在对巴西学生教学的过程中，我也遇到了不少难点。

一是发音方面，巴西学生在学习语音时的难点是声母b[p]、d[t]、g[k]，他们很容易发成送气塞音p [pʰ]、t [tʰ]、k [kʰ]；而声母h[x]则容易被省略，例如把"婚（hūn）"读成"温（wēn）"；在r[ʐ]和l [l]发音时容易混淆二者，把"热（rè）"读成"乐（lè）"，或是发成颤音，发成颤音的原因是受到葡萄牙语里前舌颤音r和后舌颤音rr的影响单独发不出音来。在韵母的发音上，不会发舌面后音ɑ[a]；发o[o]时开口度太大；发e[ɤ]时发成央元音e[ə]；zhi、chi、shi后面的[ʅ]和zi、si、ci后面的i[ɿ]发音不准确；ü[y]在碰到j [tɕ]、q [tɕʰ]、x [ɕ]时常常读成u[u]的音；发鼻音韵母en [ən]、in[in]时容易和鼻音韵母eng [ɤŋ]、ing [iŋ]混淆，如"成功"读成"chén功"、"热情"读成"热qín"。

另一个难点在声调方面，由于葡萄牙语是没有声调的语言，巴西学生在读汉语的声调时，在我看来，他们学习汉语四声的难度顺序是去声、阴平、阳平和上声，在上课教学的时候灵活处理成为阴平、去声、阳平和上声的顺序比较好。

在上课的时候，我就把这些拼音和声调写在卡片上玩"连连碰"的游戏或者是"你比画我来猜"的游戏进行滚动式的练习。

拼音先行，汉字再跟上

在巴西很多学习者喜欢先学拼音，在拼音学习阶段基本不出现汉字阅读任务。因此，对于汉语作为第二语言的巴西学习者，我采用"语文分进"的教学模式进行教学。在解决了基本的汉语拼读教学后，再进行汉字教学。

在汉字的学习上，建立他们对汉字的基本认知至关重要。写汉字在很多巴西人的眼中就是画画，看他们写的字也的确像是画出来的。因此，在教汉字的初期不能着急，上课的时候我会介绍汉字的基本笔画，一笔一画地带着他们去写每一个汉字，为了使课堂不枯燥，还会设计一些课堂小游戏，如"笔画知多少"小组比赛等。

有的教材难度跨度较大，我通常会进行拆分，首先先选一些常用的象形字和指事字进行教学，再选择一些构字能力较强的汉字进行教学，最后在此基础上介绍汉字的相关部件以及汉字的分解。在处理教材内容上，以"词"和"句"为教学重点，遵循"拼音——字——词——句子"的顺序原则进行。

汉语量词怎么这么多？

在葡萄牙语里，名词分为阴性名词和阳性名词，根据单复数不同，阴性名词前用a/as，阳性名词前用o/os。学生们在学习量词的时候，遇到单数的情况常常都用"个"，而恰恰我们的量词是很丰富的，一个个去记住量词对他们来说是一个挑战。

词语上的另一个难题是汉语和葡语在用法上并不一致。比如"Não"可以翻译成"不、没"，"novamente"可以翻译成"再、又"，"para"可以翻译成"对于、为了"，但是在汉语里这些词语的用法是不同的。

在语法上，葡萄牙语有一套语法系统，动词、时态都会随着语境发生变化，但是汉语的语法主要依靠语序和虚词来实现，有时还有隐现、省略的情况，这对学生们来说是非常难的。当遇到语法难点的时候，需要大量的操练，利用图片、实物等先导入例句，再给出句式，最后再给情景，让每个学生说出一个句子来。

让卡片动起来

在周末的华侨天主堂中文学校，面对巴西成人会话班的学生，我采用自己熟悉的第二语言教学法，同时结合巴西的实际情况进行教学。

1."慢，再慢一点，慢滚雪球。"不同于国内的汉语作为第二语言的学生，巴西人学习汉语速度慢，原因主要是巴西人的性格慢、平均年龄较大和教学间隔时间长。我最大的感受是教巴西学生不能着急，各教学环节都要放慢速度，一遍又一遍、不厌其烦地重复，直到每个学生都掌握为止。每次上课前都拿出时间或者是在有的教学环节有意识地进行"滚雪球"似的复习。

2.卡片"动起来"。由于大部分的巴西学校没有多媒体设备，我只好借助一些教具来进行教学，其中使用效果最好的是卡片。我会事先把生词写在卡片上。在课堂上，卡片可以有多种用途：在领读生词后，可以把学生分成小组，让不同的小组找出来副词、动词、形容词、名词等；然后分组抄写在黑板上；之后在讲解的时候进行搭配讲解，于无形中培养学生的搭配使用能力；把卡片摆放在黑板的凸角处，结合情境，进行句子练习；还可以打乱顺序让学生找出正确的摆放顺序；在听写环节，可以在学生完成听写后，按照听写顺序摆放卡片，让学生改正；还可以运用于复习词语的环节。

3.减少讲课时间，学生自己互助学习。由于我的葡语水平有限，不能与学生有效沟通，这就要减少讲课的时间，把大部分时间留给学生，并利用分组学习的特点，在分组的时候不能像华裔学生那样随意，而要在每组里找到中文程度较好的那位，让他起到"小老师"的作用，对于连"小老师"都不明白的问题，我需要再重新拿出来讲一遍。

老师，你觉得哪个队会赢？

在巴西这个足球王国，身处其中才真正感受到巴西人民对足球的那种狂热：看球赛就像吃饭一样，是日常必备。我外派巴西的2014年正好是巴西在举办世界杯，每当有巴西队比赛的时候，巴西会全天放假，商场里、餐馆里、咖啡馆里，好多地方都悬挂着电视，人们聚在一起为进球欢呼，为踢飞了一个球而唏嘘。当听见外面鞭炮一样的声音时，不用说，那肯定是巴西队进球了，那种感觉就像是中国人过年一样。那段时间，穿着巴西队队服走在大街上会碰到很多人对你微笑。在上课的时候，学生会问我："老师，你支持哪个球队？"这个时候就要小心了，因为很多人都是某个球星的"铁粉"。当然前提是得了解是哪两个队在比赛，还有队员叫什么名字。当时，为了增进跟学生的感情，我还专门和学生一样，去收集参赛队队员的卡片贴纸，在课下的时候跟他们交换，有时候还把比较难收集的队员卡片当作课堂奖励发给学生，有时让学生到黑板前讲这些球员的故事，还有的时候设计一些小游戏，让学生们扮演不同的国家队，这些都大大激发了学生的学习积极性。

结语

如果说初到巴西时遇到的语言问题，以及教学对象、教材和教学方法的不同让我遭遇了"教学休克期"，那么老教师的帮助、同事间的切磋以及自我的不断摸索使我慢慢地过渡到了"教学甜蜜期"并享受其中。每当听到学生大声念课文或者是背诵唐诗宋词时，那琅琅的读书声总让我恍惚以为是在国内的某所小学里；每当周日，我迎着阳光走进天主堂中文学校，看着一位75岁的老太太，大老远地开着她的老"甲壳虫"来到学校，走进我的课堂，戴着老花镜，用布满老年斑的、颤巍巍的手一笔一画地写下汉字时，我都心怀感激；还有一位47岁，因为骑摩托不小心撞断了腿，打着石膏锲而不舍地来上我课的同学，每次我帮她把脚放在另一把椅子上垫起来时，内心都充满了幸福和骄傲。

  我轻揉双眼，缓步走向面东的落地窗，视线划过南回归线上的水泥丛林，正好迎接一轮攀爬上来的旭日。我知道她刚从北国的故乡而来，天涯是她光速的咫尺；她放射着我取暖的中华文化光芒，她输送着我汲取的中华文化滋养，她继续称我为中华文化的归人，而不是过客……

  当我站在巴西圣保罗华侨天主堂中文学校的图书馆，翻看《南美华人天地》中邓幸光写下的这段文字时，内心涌起了作为一名外派华文教师的责任感。

  曾经我以为巴西是中华文化的荒漠，而当我们掸去历史书籍的尘土，与华文教育开创者和华校校长、教师促膝长谈时，我们的心中撒满了南半球温暖的阳光。200多年的移民史，60多年的华文教育史，因为遥远，这里的华侨华人把中华文化看得很重，希望将其完整保留并且代代相传。在遥远的南半球，有一片神奇的土地，里面有无尽的宝藏，就像巴西的植物一样倔强、茂盛地生长。我们仿佛穿梭在时空的隧道里，眼前的人竟是创造、书写历史的人，书里、书外，让人分不清现实与历史。

  无关肤色、语言、学校、年龄、年级，只要是来学习中文的都是一朵小花，我很荣幸能有机会来到万里之外的巴西，作为一名华文教师，在南回归线的国度上，仰望过太阳，浇灌过这里的花朵。感谢"圣市华年"带给我的"盛世年华"。

作者简介

  陈雯雯，北京华文学院讲师，北京语言大学汉语国际教育专业博士，主要研究领域：海外华语传承。

我在赞比亚教汉语

付秋雨

2015年，北京时间8月23日晚上11点，在首都T3航站楼，我拖着行李箱，带着两岁的女儿，乘坐阿联酋航空公司EK307次航班，告别前来送机哭得泪眼婆娑的家人和朋友，义无反顾地踏上了去往赞比亚的旅程。十几个小时的飞行，飞机终于降落在了赞比亚的首都卢萨卡——我此行的目的地。远远地看见已经离别两年多的孩儿他爸在离飞机不远的跑道旁冲着我挥手，女儿看见爸爸，不顾旅途的劳累，一路向他飞奔过去，一家三口终于在离祖国千山万水的非洲大地团聚，同时也拉开了我在赞比亚教汉语的序幕，当时我怎么都不会想到，这么一待就是四年。

初识赞比亚

去赞比亚之前，我对她的认知主要源于《世界地理》教科书中有限的介绍。我知道她地处非洲中南部，是一个内陆国家，位于海拔1000—1500米的小高原地区，跟云南省的海拔差不多。她的总面积为75万平方公里，大约是青海省那么大，人口1500万。这个国家自然资源较为丰富，享有"铜矿之国"的美誉，首都叫卢萨卡，在那里有家印度人开的工艺品小店，专门用铜做一些小工艺品，闲暇时我常常去光顾，买些纪念品。

赞比亚属热带性气候，12月到来年4月为湿热季，也就是我们所说的雨季，这也是我最喜欢的季节。因为这时充沛的雨水滋养着这片神奇的非洲大地，大街小巷到处开着各种奇特的花朵，其中以三角梅最为常见，它枝叶肥厚，苞片是深红色的，花色艳丽灿烂，因此它也被赞比亚人民誉为"国花"。英语是这里的官方语言，但当地族群还有自己的土语，比如"niangjia"话和"tongga"话，这些话都没有文字。这里的人民大都信奉基督教，大大小小、各式各样的教堂也成了城市里随处可见的风景。通过几个月的观察和相处，我发现，这里的人们性情温和，对待中国人也非常尊重和友好，我走在街上，常常有人非常热情地跟我打招呼。来这里之前，我印象中的非洲是饿殍遍野，人民生活衣不蔽体、食不果腹，出门就能看到大象、长颈鹿……在这里生活了一段时间以后，我发现这里的基本生活还是能够保障的，但是断电、断水、断网的情况还是每天都有，最大的问题还是缺医少药，当地老百姓得了病只能向上帝祷告，看造化了。

我对赞比亚印象较为深刻的人与事有二：一是开国总统卡翁达，二是中国援建的坦赞铁路。卡翁达领导赞比亚人民反抗英国殖民统治，于1964年赢得国家独立，独立后即宣布与中国建交，赞比亚是第一个与中国建交的南部非洲国家。举世闻名的坦赞铁路仍是迄今为止中国最大的单项援外工程。就在写这篇文章的时候，被誉为赞比亚"国父"的卡翁达于2021年6月17日在卢萨卡因病逝世，享年97岁。卡翁达，是非洲民族解放运动领导人之一，更是维护中非关系和世界和平的一代伟人，他为中赞关系和中赞友谊做出了积极贡献。

我没想到，在非洲的华侨华人竟有上百万，在赞比亚的华侨华人也有3万余人。他们为赞比亚的经济发展做出了重要贡献。我曾参观过中水电、中有色等大型企业在赞比亚的基地。当我去到工地或者工厂里，当地的雇员很热情地跟我用汉语打招呼，还有一些汉语说得很流利。我一打听，原来很多中国技术工人在给当地人进行语言和技术培训，不管是工作还是生活，中国人都深深地影响了赞比亚人民。

赞比亚中文教育现状

赞比亚的中文教学主要依托赞比亚大学孔子学院，这所孔院由河北经贸大学与赞比亚大学合作建设，于2010年7月26日揭牌，是赞比亚唯一的一所孔子学院。中国语言和文化在赞比亚有极大的影响力，当地年轻人学习汉语的热情逐渐提高。近些年，赞比亚人学习中文的人数呈几何式增长，从2010年孔院建院初期小规模的成人兴趣班发展到汉语教学覆盖全国10省，建立了20个教学点（其中包括两个孔子课堂），生源涵盖小学、中学、大学以及社会各界。截至2018年7月，在校学习汉语的学生总数达到6100多人。相应地，中国也取代英美成为赞比亚学生的最大出国留学目的地，每年有近4000名赞比亚学生在华留学深造。"一院多点"的办学模式使赞比亚孔子学院得到稳步发展，得到了赞比亚各界的大力支持。2014年赞比亚教育部将汉语正式纳入到中学国民教育体系，目前已将赞比亚一所中学作为试点开展公立学校汉语教学项目，从2015年起在各省试点中学进行9年级汉语统考，这对赞比亚的文化和教育产生了积极影响。

随着教学规模的不断扩大以及学习人数的不断增加，从事赞比亚汉语国际教育事业的教师规模也在不断发展壮大。目前有中外院长各1人，赞方行政人员12名，中方公派汉语教师17名，中方志愿者教师21名。根据学生不同的学习目的、不同的学习方法、不同的学习环境，赞比亚大学孔子学院在全国开设了不同类型的汉语课。学历教育包括：赞比亚大学和穆隆古希大学的学位和学分课程，全国十省公私立中小学的汉语必修课程。非学历教育的课程包括：成人汉语、少儿汉语、旅游汉语、HSK及YCT、口语考试培训。孔子学院在常规汉语教学的基础上，还开设了丰富多彩的文化课程，比如武术课、中国电影欣赏课、书法课、剪纸课、中国歌曲及舞蹈课等文化兴趣课程，也吸引了不同行业和年龄段的学生。

安顿生活，准备上岗

我先生是一名外交官，两年前被派往赞比亚使馆工作。他出国前，女儿只有6个月大，赞比亚的医疗和卫生条件都比较差，出于对孩子健康的考虑，我和孩子只能留在国内。2015年，经过跟家人反复商量，我打算停薪留职，带着女儿奔赴非洲与先生团聚。但是我希望自己在随任的同时，能发挥自己的专业优势继续从事汉语教学工作，基于这个想法，在同年6月，我通过了孔子学院志愿者教师的选拔，正式成为一名汉语志愿者教师。

由于我持外交护照，在当地工作需要当地外交部审批，等待了两个月后，我被通知可以上课了，上课地点在离使馆5公里以外的Rhodes Park School。这是当地的一所贵族学校，2015年刚刚开设孔子课堂。跟我一起教课的还有一位从河北经贸大学派来的刚毕业的男老师，他负责上一、二年级的课，另外兼顾兴趣班，我负责上三到六年级的课。

我从来没有教过小学生，教学对象不同，教学策略和教学方法就要调整，离正式上课还有一周时间，我开始为我的教学准备教案。还没有上课，各种难题就来了：没有教材，没有经验。学生的汉语水平是什么程度？教学目的是什么？学生的学习动机是什么？课该上什么？一系列问题让我一时觉得非常困惑。有一天，我听见女儿在手舞足蹈地唱英文儿歌，她的英语水平提高得非常迅速。我请教了她的外教老师，她告诉我给女儿使用的是"Phonics教学法"。我查阅了相关资料，这种方法在国际上非常流行，翻译成中文是"自然拼读教学法"，即通过学习26个字母及字母组合在单词中的发音规则，建立字母及字母组合与发音的感知。这种方法的前提是"磨耳朵"，就是运用英语押韵的儿歌或者歌谣作为媒介，向学生特别是儿童进行语音输入。尽管汉语与英语属于不同语系，无法完全照搬这种教学法，但汉语是韵律感极强的语言，而且对于小孩子而言，单纯枯燥的听说操练显然不合适。把我想教授的内容编写成富有节奏和韵律的歌谣，不仅能够帮助学生记忆，而且还能提高学生的学习兴趣。受此启发，我开始了教案的准备工作。

自信淡定，初见成效

第一天上课，当我走进教室，从学生的眼神中，我看到了大家对我这个新来的汉语老师充满了好奇。尽管提前做了充分的准备，但我看着一屋子学生和没有提前打招呼就来听我课的学校各层级领导，内心还是十分忐忑紧张。简短的自我介绍以后，利用自我介绍，开始导入新课，我问学生："你叫什么名字？"一个大眼睛的女同学站起来，一脸茫然地看着我，显然她听不懂我的问题。通过提问，我摸清了学生的汉语水平以及在发音等方面的问题。

我利用自己准备的教学内容，经过了几轮的领读、纠音和操练，然后把所有的问答和对话，用《两只老虎》的曲调让学生唱下来："你叫什么名字？你叫什么名字？我叫露露，我叫露露。你是哪国人？你是哪国人？我是赞比亚人，我是赞比亚人。"非洲孩子天性热情大方，在韵律和音乐方面很有天赋，而我也渐渐投入到课堂教学环节中，慢慢放松下来，教学效果比预设的还要好。尽管没有教材，但每个学生都能在本堂课把所有的内容记下来，这对于我来说是一种莫大的安慰和鼓励。下课铃响了，教室里响起了掌声，就这样我得到了学校领导和老师对我的认可。

我把每节课要学习的内容分为几个主题，例如"水果篇""数字篇"等等，教水果的时候，我了解了当地常见的水果，确定教学内容，再将教学内容变成儿歌，用《伦敦桥要倒了》的曲调唱出来："香蕉，芒果，苹果，梨，苹果，梨……我都喜欢吃。"我给这首歌取名叫作《水果歌》。另外，我也会将一些英文儿歌直接翻译成中文："一个，两个，三个印第安。四个，五个，六个印第安。七个，八个，九个印第安，十个印第安！"其中还可以把"印第安"换成"苹果""中国人"等等各类可数名词。其他可以直接拿来用的儿歌也有很多，例如《玛丽有只小羊羔》——"玛丽有只小羊羔，小羊羔，小羊羔……"这些儿歌都是学生耳熟能详的，但是需要注意的一点是，教师也要从儿歌中挑选出本堂课的学习重点和教学目的，例如《十个印第安》的教学目的是让学生掌握数量词的使用，而学唱《水果歌》的主要教学目的是让学生掌握水果的名称以及"我喜欢吃……"这个句型。

从这半年的教学效果来看，这种方法是可行的，而且也是值得推广的，很多旁听的老师都能哼唱我编写的汉语儿歌。我跟学生说："你们知道吗？汉语可是世界上最难的语言，而你们却学得非常好，你们是世界上最聪明的孩子！"说完，学生们用汉语齐声说："谢谢付老师！"另外，在课堂上，我非常注重矫正他们的汉语发音，在初级阶段，学生们在语音上打下了良好的基础。在赞比亚使馆举行的2019年中华人民共和国成立70周年庆典上，我班上的学生作为赞比亚代表与中国孩子一起唱了《中华人民共和国国歌》，报纸上刊登了相关报道，表演受到中赞各方的好评。

赞比亚学生在学习语言上的天赋让我非常惊喜和意外，他们对语音的模仿能力很强，有非常强的语言学习能力，不管对所学的词语或者句子的意思是否能真的理解，他们首先能够做到积极地模仿词语的发音和句子的语气，对于语言学习来说，这是非常有利的。我觉得这跟赞比亚各个部落和村庄都有自己的土语有关系。我了解了一下，各个土语发音差别较大，大都没有文字，可一个赞比亚人通常会讲好几种土语，这也体现了赞比亚人较强的语言能力。但是即便这样，我在教学中，也遇到了一些十分棘手的问题。我发现虽然赞比亚学生在发音上比较有优势，但是在语法学习上，由于思维方式和认知方式的差异，即便在初级阶段，学生掌握起来也比较吃力。在学习"又"和"再"时，学生不理解"再给我一个""又给我一个"的不同，使用两个词语时经常发生混淆，尽管我从词性和每个词的功能方面，进行操练和讲解，学生依然迷糊。我索性先让学生记住"再"表示这个动作将要发生、但还没发生，"又"表示动作已经发生了，但是这个只能解决"再给我一个""又给我一个"这个问题。当"又"用在"明天又要下雨"这个句子里时,"又"表示将要发生,学生直呼汉语的语法实在太难了!再比如汉语中动作趋向的表达,"动词+来"和"动词+去",我问学生:"'你出来,我进去。'当你说这句话的时候,你是站在教室里还是教室外呢?"很多学生犯嘀咕:这到底是外面还是里面呢?很多学生疑惑不解:既然可以说"老师买来一本书",那能不能说"老师买去一本书"?还有学生问:"来"和"去"是一对反义词,为什么能说"那边飞来一只鸟",而不能说"那边飞去一只鸟",却说"那边飞走一只鸟"?"回来家"和"回家来"哪个是对的?在学习复合趋向补语时,学生对于"他走出学校去了"这种句子,往往搞不清楚说话人所处的方向。在教学中我也非常苦恼……后来我思考了一下原因,赞比亚虽然官方语言是英语,但是他们在生活中还是习惯说自己族群的语言,我向会说一些当地土语的中国人请教了下。他们族群的语句简短,词汇量少,近义词就更少,正反义词是一一对应的关系,最重要的是这些族群的语言几乎没有文字,仅仅凭借口口相传来传承语言,这就要求人说话要清晰,用最简单的语法表明意思。这也能解释他们所使用的英语语法与欧美英语语法的差异,当地人不自觉地对英语进行简化,使其能适应他们交际的需要。这种现象在语言文化学理论中也能得到解释,当谈到"世界图景"的概念时,洪堡特曾经提到过:每一种语言都包含着独特的世界观以及独特的思维方式。另外语言学习需要靠一定的"悟性",这种"悟性"跟思维方式有很大关系,人在学习一种与自己思维方式差异较大的语言时,必然会受到思维方式的制约。赞比亚人的"语言世界图景""语言文化观"与中国人存在着巨大差异,所以面对汉语这种有丰富词汇、深厚文化背景的语言,赞比亚学生在学习汉语语法过程中存在着很大的困难。特别是汉语的副词和虚词的用法非常复杂,所以我们在教授当地学生学习这类词语的时候,要格外注意细化语法点的讲解,做到小步慢跑,才能让学生逐渐接受和消化。可有意思的是,我们认为可能会遇到问题的语法点,比如主谓谓语句"这个电影我喜欢""日语你不喜欢,汉语你喜欢吗",再比如,我认为学生会比较难理解的被动句"我的书找到了""我的桌子修好了",这些在教学过程中并没有遇到太多障碍,学生可以顺利操练并使用。主谓谓语句中的大主语与小主语学生可以自然内化了解,被动句中受事主语和动词的关系学生也能明白,我推测在赞比亚人使用的土语中可能有类似的表达习惯。

消除文化壁垒，语言与文化并行

在赞比亚教汉语时，我体会最深刻的一点是文化交流能够极大地促进不同国家和群体之间互通有无，增进与丰富文化发展。习主席在十九大报告中明确指出："文化自信是一个国家、一个民族发展中更基本、更深沉、更持久的力量……发展社会主义先进文化，不忘本来、吸收外来、面向未来，更好构筑中国精神、中国价值、中国力量，为人民提供精神指引。"

我刚去上课时，在学校全体师生中做了一个小调查，在他们的印象中，中国人都是急性子，什么都敢吃、个个会功夫、人人会轻功……我看到他们给中国人贴的这些标签，觉得十分有趣。赞比亚人对中国的了解仅限于电影和网上的一些描述，因此我和另外一位老师商量，在教学计划起初，就必须加入文化教学。赞比亚是英国的殖民地，在很大程度上他们的认知深受西方文化的影响，另外还掺杂着一些自身土壤孕育出的文化认知。我在向学生介绍十二生肖时，学生们对于每个人的出生年对应一种动物这件事十分好奇，课堂气氛非常热烈。有学生属猴，班上的同学哈哈大笑，嘲笑他是只猴子，学生在课堂上感到非常沮丧。原来在非洲文化里，说一个人是猴或者猩猩是极具侮辱性的。我告诉他猴子在中国文化里代表着聪慧和敏捷，属猴的人都是非常机灵的，学生这才理解为什么中国人十二生肖里会有猴。再比如在中华文化中猪被赋予了笨、丑、懒的寓意，而在赞比亚的文化里，猪属于中性词语，没有褒贬之意。在其他动物词中，鹰和水牛在赞比亚文化中被赋予了特殊的含义。在赞比亚国旗的上方有一只展翅的雄鹰，鹰是赞比亚的国鸟，代表着果敢和自由，是赞比亚人民与殖民主义进行顽强斗争、不屈不挠的象征，在赞比亚人民心中，雄鹰是无比神圣的动物，这一点与我们的传统文化中对鹰的态度是一致的。另外水牛也是赞比亚人喜爱的动物，我告诉学生，在中国的水牛体型小，是用来帮助人们种田耕地的。这里的水牛指的是体型最大的野生水牛（buffalo），体长3米左右，肩高1.5—1.9米，体重大约在1000千克。水牛作为团结协作、勇敢坚韧品格的象征，被用作赞比亚陆军的标志。一开始我并不能理解为什么水牛会被赋予如此高贵的品质，直到有一天我在广袤的非洲大草原上亲眼看见一群水牛与狮群搏斗：野生水牛面对群狮的进攻没有丝毫犹豫，领头的水牛带着牛群向着狮群冲去，奔跑时卷起漫天尘土，待这场厮杀结束，狮群被驱散，而有些水牛已经被咬得血肉模糊，等待它们的必然是生命的终结，但是它们用牺牲保护了牛群，使它们在这恶劣的生存环境中得以繁衍生存。学生们对于动物在中赞文化中的差异产生了兴趣，我给他们讲了《西游记》的故事，孩子们听得津津有味，既明白了中国人为什么认为猴子是机灵和敏捷的象征，也了解到白龙马对师徒四人的贡献，对于龙在中国人心中神圣的地位也有了感性的认识，甚至对好吃懒做的猪八戒都产生了喜爱之情。

在颜色词中，从赞比亚国旗中的颜色可以了解他们对色彩的态度。赞比亚国旗旗面为绿色，右下方的竖长方形由红、黑、橙三个平行相等的竖长条相连而成——绿色象征国家的自然资源，红色象征为自由而斗争精神，黑色代表赞比亚人，橙色象征国家的矿藏。事实上，即便黑色被用在国旗上，赞比亚人对黑色还是格外敏感，强调人种和肤色不同在赞比亚是十分忌讳的事情。他们接受被称为非洲人或赞比亚人，但你如果说他是黑种人，那么有些十分在意的人就会认为你有种族歧视。我跟学生们讲解颜色的时候，告诉学生们我们的生活是多姿多彩的，每一种颜色都是生活里不可或缺的一部分，哪怕是黑色，也是调色板上重要的一部分。美国第44任总统奥巴马是所有非洲人的骄傲，在赞比亚孩子心目中，提到奥巴马，他们总是充满了自豪感。每一个人种都应该得到尊重，消除种族歧视是造福全人类的事情。就这样，孩子们在一次次文化交流中，逐渐理解了中华文化。我在赞比亚孔子学院工作期间，通过各种渠道为优秀的学生争取到了来华留学的机会，这些学生学习刻苦，真正热爱中国文化，我想将来他们一定会成为中赞文化交流的使者。

严肃活泼，奖罚分明

我在赞比亚孔院工作将近四年的时间里，每周要完成接近20个课时的工作量，很多次下课后两腿已经站得没有知觉。但是我依然坚持面带微笑完成我的课堂教学任务，久而久之，学生认为这个中国来的老师特别和气，没有脾气，时常在课堂上搞点小名堂，不再像以前那么遵守课堂纪律了。

这个学校每个班都有一个类似于班主任性质的随班老师，这位老师要全天候地待在教室里协助上课老师，帮忙维持秩序。有一天，我在三年级一个班里上着课，忽然班主任大喊一声，把几个不怎么专心听课的学生揪起来，惩罚他们跪到我面前。我头一回见识这种场面，一时竟不知道该如何面对。下课以后，班主任跟我说这些孩子自觉性差，需要惩罚，老师在赞比亚有至高无上的尊严和地位，而罚跪是老师惩罚犯错的学生的常见方式。虽说尊师重道也是中华民族的传统美德，可在心理上我还是无法接受上着课一低头看着几个孩子跪在我脚下。我想了很久，到校长办公室跟他诚恳地谈了有关课堂管理方面的事情，我提出以后汉语课堂纪律由我来负责，班主任不要干预。这个学校的校长对我还是非常信任和尊重的，他欣然接受了我的建议。

走出校长办公室的门，看着这帮活泼调皮的孩子，我心头涌上了一阵惆怅：该想什么招儿对付他们呢？罚跪都无法触动他们的内心，罚站实在太普通了，我突然想起来他们对中国功夫十分热爱，那就来个半蹲吧——基础招式"蹲马步"。哈！不出所料！这个招式包治百病！学生一开始还觉得很新奇，但是不出十分钟，调皮捣蛋的学生一个个都泄了气。前一段时间，我路过一个班，看到班主任用"蹲马步"的方式替代了罚跪，禁不住笑出了声，这帮孩子一定在想都怪汉语老师出的这个馊主意！另外，我还制订了奖励制度，表现好的学生我会奖励一颗小星星，集齐五颗星星的学生就可以到我这里领奖品，奖品就是些糖果零食，还有一些有中国特色的纪念品。我也反省自己在课堂上的表现，作为语言老师活泼是可以的，但是更要严肃，如何把握尺度，需要进一步摸索和提高。

我爱教学，我爱赞比亚

学期末，我让学生就汉语课写下自己的感受和意见，看到学生对汉语课和我的喜爱和认可，我内心深处充满了感动和骄傲。热情好学的孩子们，让我从对这个国家的陌生，变成了接纳和喜爱。每天我走在校园里，看着一排排简陋却整洁的桌椅、一张张稚嫩和纯真的笑脸，听着尘土飞扬的操场上孩子们的笑声和琅琅读书声，心中充满了自豪和满足。

我作为一名汉语教师，站在异国他乡的讲台上，能够给这些孩子们的生活带来些许改变，那么我的付出就是有意义的。感谢这些孩子们，感谢赞比亚，充实了我的生命历程，虽然我所从事的工作是微不足道的，但作为一个中国人，我为自己能够在这片纯净的国土上奉献过而感到深深的满足和自豪。

作者简介 --

付秋雨，女，2010年北京语言大学硕士毕业后进入北京华文学院工作至今，2015—2019年外派至赞比亚孔子学院任汉语教师。

编后记

从 2012 年起，我的研究逐步转向语言文化研究。十余年来，指导的研究生以教师或志愿者身份赴外任教的有十几人，我一直关注他们在赴任国的工作与生活状况，尤其关心他们在教学中遇到的问题以及在生活中碰到的文化差异。总想写点什么，为国际中文教育事业做点贡献。

2019 年的春天，一位出版社的编辑向我约稿，让我就海外的语言文化教学写一篇文章，但我一时半会儿写不出来，因此临时起意，打算"众筹"，与同行就这个问题合作出一本书。不久遇到李新磊，我跟他交流了最初想法，随后纵璨加入，很快，曾经在海外和当时正在海外共 22 个国家工作的 23 位汉语教师迅速集结完毕。2019 年 11 月 7 日，纵璨建立起"那年那月我们的故事"微信群，写作工程正式启动。我在群里与大家探讨了书名，并就本书的编写理念和编写要求做了说明，即希望老师们从观察者的角度，聚焦五大洲不同国别的汉语学习者在学习过程中出现的语言要素方面的典型偏误以及文化习得、跨文化交际方面的主要问题，体裁上近似学术随笔，字数不少于 6000 字，最多不超过 15000 字。任务布置完了，我小舒一口气，各位老师也都热情满满，都说要借此机会对在海外教中文的经历做一个学术总结，并让目标读者能够从中获得切实的指导和有益的启发。

2019 年 12 月 12 日，我们向大家征集了各自初步确定的文章题目和内容简介。在此过程中，有部分老师反映："领任务"时没觉得是一件难事，真到下笔才发现，心中虽有千言万语，却不知从何处写起。于是乎，2020 年 2 月 18 日，我们在群里发布了最早完成约稿任务的何学颖的《"泰"有缘》一文，请大家以此为参照，并也希望发挥各自的优势，不拘一格，各显神通，特别强调了问题意识的重要性。

时间很快来到了 2021 年 3 月，老师们相继完成了初稿。遗憾的是，只有为数不多的几篇稿件与我们这本书的写作初衷相吻合。此外，还有个别老师因各种原因退出了项目组。紧接着，我们开始了与作者的逐一沟通，进行文稿的修改工作。与此同时，我又向北京外国语大学的陈慧等六位老师进行了约稿。2022 年 3 月，几易其稿、几经雕琢的《我在海外教中文》总算编成了。

从萌生编写《我在海外教中文》的念头开始算起,到今年已是第四个年头。当时的想法很丰满,接下来的现实却很骨感。我总爱跟学生说"想得美",想想编书这事儿,不禁唏嘘感叹。从今往后凡事都不能想得太美,尤其编书这事儿,费时费力不说,关键是很难保证团队成员齐步走。还有就是,书写自己作为一个异文化使者的感受和跨文化交际的故事,并不是每一位外派汉语教师都能得心应手的。

最后,衷心感谢所有作者,感谢北京市哲学社会科学研究基地首都国际文化研究基地的资助和北京语言大学中华文化研究院韩经太教授以及王孝强、姜西良等院领导的大力支持,感谢北京语言大学出版社的领导,尤其要感谢总编辑郭风岚教授、国际中文部主任付彦白先生、责任编辑上官雪娜女士和栾绍森女士,他们为本书增色不少。

由于编者水平有限,错误、不当或不尽如人意之处在所难免,敬请读者批评指正。

杨建国

2022 年 3 月 18 日于北京